学而集

巩敬耕◎著

安徽师范大学出版社

·芜湖·

责任编辑：李克非
装帧设计：丁奕奕
封面题签：李　哲

图书在版编目（CIP）数据

学而集 / 巩敬耕著. —芜湖：安徽师范大学出版社，2016.6（2017.9重印）
ISBN 978-7-5676-2587-7

Ⅰ.①学… Ⅱ.①巩… Ⅲ.①社会科学－文集 Ⅳ.①C53

中国版本图书馆 CIP 数据核字（2016）第 176563 号

XUE ER JI
学　而　集
巩敬耕　著

出版发行：安徽师范大学出版社
　　　　　芜湖市九华南路 189 号安徽师范大学花津校区　邮政编码：241002
网　　址：http://www.ahnupress.com
发 行 部：0553-3883578 5910327 5910310（传真）E-mail：asdcbsfxb@126.com
印　　刷：虎彩印艺股份有限公司
版　　次：2016 年 6 月第 1 版
印　　次：2017 年 9 月第 2 次印刷
规　　格：700 mm × 1000 mm　1 / 16
印　　张：13
字　　数：182 千字
书　　号：ISBN 978-7-5676-2587-7
定　　价：29.50 元

目 录
CONTENTS

第一辑 久园文录

第二辑　书前书后

第三辑　教育漫谈

附　录

第一辑　久园文录

青岛的海

青岛是一个仙境的名字。它三面临海，像一幅优美的女性画像，向世人敞开着胸怀。青岛的海水很蓝，天也是蓝的，是真正的水天一色。站在山崖上，遥望天际，倾听山与水激荡的轰鸣，再平凡的人也会产生无限感慨，虽然不必写出像曹操那样气势磅礴的诗篇。

大海给我留下深刻的印象，是少年时读了鲁彦《听潮的故事》。那好像不是写的"佛国"，而是青岛的海。还有普希金，他使我对海的向往成为热爱，可能世界各地的海都如此相通。青岛的海格外引起我的兴趣，是因为它能使我想起一些人来。"青山，碧海，红瓦，绿树。"这是客死青岛的康有为描绘青岛色彩的八个字。虽然艳了点，但比起杨朔在这里空洞的抒情来，还是有些诗意的。我最欣赏孙犁对青岛那份寂寞的、失落的感情：黄鹂、石子、妩媚的护理员，这些云烟往事，淡淡的，让人怀念。下面一节出自梁实秋的回忆——

二十年代末，闻一多和梁实秋相约来到新创立的青岛大学。闻一多住在汇泉，出门即是沙滩，涨潮时海水距门口不及二丈。梁实秋住在鱼山路，两人时常相呼同行赴校。他们都携带一根手杖，除了青岛多山路，还因为闻一多特别欣赏策杖而行的那种悠然的态度。据闻一多说，夜间听潮一进一退的声音，有时不能入寐，心潮起伏，不禁忆起英国诗人阿诺德的那首《多佛尔海滨》：

> 今夜的海面多平静，
> 潮水已涨满，皎洁的月光

铺在海峡上……
请来窗边,夜晚的空气多清新!
只要来听听,在那一长列水花
溅起之处,那月光刷白的陆地
同海水相接之处,回流的水波
一路卷下又掷向高岸的卵石
发出的吱嘎之声正响成一片;
这声音忽起忽止,又重新开始,
以微微震颤的悠缓节奏
把永恒的悲声送上心头……

阿诺德的诗忧时愤世,很合闻一多的心绪。诗人眼里,大海总是这样"壮伟",像闻一多这样具有强烈社会责任感的人,怎能不引起深深的共鸣呢?

又到琉璃厂

北京和平门外的琉璃厂，是读书人的销魂处。这条著名的文化街，东西长不过二里，却集中了数十家旧书店、古玩铺和南纸店。我每次来京，都要在此作一番礼巡，然后带回满身的书香，在尘杂的生活中间，重温那从旧籍中寻找的快乐。

琉璃厂书肆的魅力，当然在于旧书。以我的收入，仅够生活，超过300元的书，都得再三考虑，所以一般只捡些便宜的、非买不可的书。四年前我在邃雅斋，以一本一元的贱价买到傅增湘的《藏园群书经眼录》，隔一年又在同一个地方买到他的《藏园群书题记》，当时心情不知道有多么高兴！此次重访琉璃厂，见旧书越来越少，特别是民国时期的平装书，已经难觅其踪，我只买了一本魏了翁的《鹤山题跋》。线装书也买几种，价钱要高一些，一部1963年据天一阁藏明正德刻本影印的《颍州志》，80元；一部10年前据天津图书馆藏清同治十一年稿本影印的《涡阳县志》，160元。虽然贵了点，但因为是家乡的文献，还是有意外收获的喜悦。至于那些上了"年岁"的书，就不能问津了，仅仅一部同治年间致一斋刻的《杜工部集》，就要8 000元！要知道，就是这样的书，也不多了。我在古籍书店、来薰阁，看到准备寄往日本、韩国、新加坡等地的成箱的书，虽然都是普通的版本，但是再过若干年，它们也会变得物以稀为贵。

琉璃厂兴衰起伏，已历二百年。最为古老的翰文斋，人才辈出的通学斋，与鲁迅过往甚密的云松阁，还有游人骈集的厂甸庙会，等等，就那样无声无息地消失了。李文藻、缪荃孙、孙殿起、雷梦水等人笔下的琉璃厂，早已成为一个温馨的梦，让爱书的人们一再咀嚼，逛厂甸淘旧书的乐趣真的是今非昔比了，但琉璃厂毕竟是一种文化、一种精神、一种象征、一种情结，就像姜德明先生说的，还是有人们要"寻觅它的新梦"。我一次次地到这里来，虽然没有多少收获，不也是怀着同样强烈的愿望吗？

初访八道湾

这次去北京，住在前门外的一家集体旅社。从这儿乘22路公交车在新街口下，经过后公用胡同，即到八道湾。著名的苦雨斋，就在这条胡同11号。

鲁迅和周作人一家是1919年搬到这里的。1923年，周氏兄弟交恶，鲁迅迁居砖塔胡同，周作人就成了这里的主人，一直住到老，除去抗战胜利后到1949年初坐监牢的四年。

今日八道湾不知还保持着多少原有的面貌。许多老房子还在，只是格局有了变化。八道湾11号原来是四进的大宅院，有高大的台门，现在已经没有了，变成了寻常百姓的大杂院，到处是私搭乱建的东西。但周作人居住的坐北朝南一排房子和东西厢房，保存尚好。院子里种着一盆盆花草，在老屋阶下显得很寂寞；有几棵高大的槐树、杨树，木叶萧萧，如怨如诉。我在这难以立足的院子中间，默然肃立，判断着当年鲁迅写《阿Q正传》时的"老虎尾巴"，联想起周作人在"文革"中的结局，还有周作人与老友钱稻孙照相的地方，等等，真有空山无人、水流花谢的感觉。八道湾11号是中国现代文学的重要见证，大批文化名流曾经出入于此。周作人在家还接待过青年毛泽东的来访。

晚年的周作人，翻译了许多希腊古典戏剧和日本古典文学，成就是很高的。他想使用自己的名字出版，但是未能如愿。周作人还写了相当篇幅的回忆，大都与鲁迅有关，引起许广平愤愤不平地说他"过去骂鲁迅，现在吃鲁迅。"一贯养尊处优的周作人，新中国成立后生活没有着落，只有写文章作稻粱谋。他不断向人和有关单位诉苦，争取人家的同情，而当时许广平、周建人都有相当的地位，对周作人的处境，既缺乏了解，也不愿理睬。

这一时期，也是周作人散文最丰收的时期之一。除了几本专著，散见于各种报刊的文章，该有近千篇。当然已经不被世人和研究者注意，也没有人愿意出版它们，包括周作人自己编定的《木片集》，形势不再需要他那样的作品。所以周作人不无伤心地说，新中国成立后除了几部译著和"药堂谈往"（《知堂回想录》），此外就没有什么了。

看着破落的周氏兄弟故居，在冷清的周家门前徘徊，想起曾经屡传是否要将它拆除的争议，不知八道湾11号还能存在多久？真希望下次来京，还能看到这条小小的、但又不同寻常的胡同。

故人摭忆

老 焦

屠夫老焦，北乡（河南）人，专事杀狗。貌似张飞，而心肠似妇人。经常从沸汤中以指捞狗肉，瞬间已撕成片状，一一给小孩品尝。味道鲜美，远近有名。

他借住在我邻居的院子里，背集时下乡捕狗，日二三条，或三四条，都扎紧狗嘴，反绑前足，用扁担穿而挑之，轻松得像是卖狗皮的商贩。每进一村，群犬恐吠，声闻数里。捕狗时，由狗主人遮住狗的两眼，即以大铁钳钳颈。杀狗时，用木棒猛击狗头，把狗打晕后，再事宰割。

好友小路，喂一条大黄狗，狗与小主人形影不离，和我们也非常亲热。狗老了，小路的爹爹把它卖给老焦。当大黄狗在老焦的铁钳下挣扎哀叫时，我的这位小友，抱树摇晃，厉声痛哭。以后，和我们在一起玩的孩子都拒绝吃狗肉。老焦在绳上晒的公狗的生殖器，常常丢失，或被洒上粪便，都是他们干的。又过了一年，老焦也离开了，回到他遥远的故乡去了。

人们常说，狗是人最忠实的朋友。上星期天，带女儿在花冲公园看宠物，偶然想起童年的事。

六婶子

邻居六婶子，干净利落。六叔死时，她大概也就四十岁，以后却不再找人。她和六叔的感情并不好，她对我母亲说："我这几个孩子，都是雾里八遭生的。"她和我母亲比较好。

六叔一辈子喜欢逮鱼摸虾，人精瘦，腿长，脖子也长，活像一只掉了毛的鹤，在长辈眼里，正是个不务正业的人。他屋里空空如也，只有网啊、罾啊什么的挂在墙上。隔一段时间，他就把它们拖出来，用猪血浆浆，然后挂在树上让太阳晒着，满院子都是血的腥气。

这位六叔，不管有他没他，对六婶子来说都无关紧要。所以六婶子好说："我就像一头老驴，一天到晚地干活，干活！"拉粪的大车，没有她就走不快；砍秫秸，人家才到半截地，她已经砍了来回趟，开始打起秫秸捆了。因此，她的工分是相当于男劳力的。

别人讲梦里如何如何，她感到很奇怪，因为她从来不做梦。她说："做梦都是闲的。一挨枕头就睡着，还能满道里跑么？"

六婶子还伺候着一个阴阳怪气的老婆子，她常常说一些难听的脏话让六婶子听。她好吸烟，六婶子每年都给她种一片烟叶。给我的印象，老婆子除了吸烟，就是躺在红芋窖上叫唤牙疼。

她家的儿子长大后，好吃懒做，左耳朵上戴一只大耳环，一不顺心就拿六婶子出气。前院有个鳏夫，经常给六婶子干活，年纪差不多的好开他们的玩笑。大耳环听说后，把那个倒霉的鳏夫痛打一顿，从此，再也没有人帮助六婶子干活了。

四瞎子

我上小学的地方，是生产队的油坊。两间屋子，一个教师。黑板就靠在巨大的石碾子上。先是没有钟表，老师估计时间，吹哨子。估计时间，早一阵晚一阵的，有时到了晌午还不放学，家长就端着饭碗在教室外面吆唤。吹哨子也不是办法，常有顽皮的小孩在教室后面乱吹，闹了几回笑话。后来老师在椿树上挂了一块犁铧，上课下课都敲几下，但还是解决不了时间问题。大队书记说，干脆给你们买个钟表吧。于是有了一个"555"牌座钟。这是学校的大家产。大队书记又说，让四瞎子给你们打铃吧，反正他也是闲着。这样学校又有了一个"工友"。

四瞎子眼睛好好的，只是眯着眼。他光棍一个，不识字，是队里唯一的五保户。他又喜欢小孩，所以对这项工作安排非常满意，甚至感到荣耀，第一件事就是给学校垒了一间厕所。下课时，女生先进去，男生后进去，四瞎子在外边把守着。他帮助学生用牛屎补泥台子，用青柿子打磨，使台面如漆，光可照人；他还教学生做油灯，上早自习时，满屋子都是烟烧火燎的气味。

我们的老师，成份不好，公社开批斗会，三天两头地提他，学校只好停课。四瞎子到公社要人，对公社书记直发脾气："学校就我们俩人，他要是不回去，我怎么办！"干部们哭笑不得，只好把人放了。——他们认为四瞎子缺心眼，才不跟他计较。

那座"555"牌钟，由四瞎子负责保管，上学时把钟抱来，放学后把钟抱回家，天天把弦上得满满的，擦得干干净净。可是四瞎子总是认不清时间，有时上了很长时间课还不下课，老师就在教室门口喊："四叔！几点了？"四瞎子隔着房箔在里屋应答："大针长点，小针短点，差不多了！"

巩孝思

巩永言，字孝思，以字行，毕业于黄麓师范。四十年代，我祖父在巩店办第一所国民学校，请了三个教师，其中有这位远门长辈。巩孝思原是我父亲的私塾先生，表情严肃，穿着讲究，是巩店街上最有学问的人。他的书法也好，远近士绅以得一字为荣。

他在新中国成立后继续教书，接着被打成"历史反革命"，坐了十几年监狱，刑满释放后回生产队接受劳动改造，这时他已经妻离子散。他坐牢的原因，是因为他在新中国成立前加入了国民党，但是巩孝思却说他不知道有此事，没有证明人，也没有确凿证据，只有一份登记表上这样登记。他和我祖父轮流给公社往四邻八乡送信，风雪天气，巩孝思穿着又脏又破的棉袄，外边披一件麻袋，面无人色，踽踽而行，胡子上都结了冰，和行尸走肉没有分别。

"文革"结束后，巩孝思获得平反，但他已不能教书，字也不能写了，办了退休手续后在阜阳去世。

巩海涛

巩海涛是我老师，从小学教到初中。我初中毕业那年他和我一起参加中考，考取界首师范。他上师范，他儿子上小学。

他家成份不好，又是家中独子，三十多岁时还是一个光棍，他母亲急得眼都瞎了，后来是他的老师把自己的女儿嫁给他。

巩海涛是民师，阶级斗争紧张时就宣布他回家种地。他扛着长长的鞭子，穿着破衣烂衫，用破草帽把脸整个盖住，从早到晚给生产队犁地。但过不了多久，大队又通知他回学校教书了，他是老三届的高中毕业生。

我小时的老师，除了几个被打倒的老教师，剩下的都是民师，巩海涛是民师当中书读得多、课上得好的人。他吸着自己卷的纸烟，望着学生送上来的做不好的代数或几何，一根烟吸完，才把手里的烟头换成粉笔，然后一口气讲到底，要擦几次黑板，地上落下一片白灰。

其他几位民师，如巩丙谦、吴金庆、张士义、吕景军等人，都是令人尊敬的老师。他们大都生活困难，工资只有几十个工分，"文革"结束后也没有得到公平待遇，有的已经过早去世了。魏守广是最早去世的老师，记得一次上课，他穿的棉裤在迈上讲台时裤裆裂开了一个大口子，露出里面的败絮，这使他十分难为情，但仍然坚持把课上完。他们的职业精神值得今天的教师学习。

祖　父

祖父离开我们已经多年了，但我总觉得他还没有死，还在乡下他那间狭窄的"醉翁亭"里听收音机，锣鼓和梆子声震得草屋吱吱响。

他在"醉翁亭"里，终日枯坐。除了听戏，就是看蔡东藩的《前汉演义》。他有时给我们兄弟吟《诗经》里的《关雎》、《蒹葭》，吟《古文观止》里面的《答苏武书》、《陈情表》之类，呜咽婉转，别具韵味。时间长了，我已熟记于心，他还吟诵如故。"时维九月，序属三秋。""蒹葭苍苍，白露为霜。"跟着祖父在寂静的原野上劳动的情景，就这样深深地印在我的脑子里了。

他喜欢写字，后堂必书"忠厚传家远，诗书继世长"。我父亲也喜欢写字，则是"春风杨柳万千条，六亿神州尽舜尧"。祖父看时，默然不语，过年写春联，独不与我家书之。

他重视小孩学习，超过我的父亲，其和蔼也为我父亲所不及。我从他那里，受到最大影响，所以对他的怀念是很深的。他命运坎坷，非常人所能想象，而他从没有一句怨言；一生中做过的值得一书的大事，是七十年前在他倡议下，创办了当地第一所学校，家乡有文化者，无一人不在此受过教育。

今年清明前我回家上坟，又在熟悉的小路上走一遍，在无人居住的老屋院子里盘桓。祖父死了，眼前不免有些荒凉。院中树木，都是祖父亲手所栽，此时已经发出淡淡的新芽；我抚摸着这些大树，就像抚摸着老祖父的脸，我的眼睛湿润了。

外祖母

外祖母在八十多岁时不慎摔倒，之后躺在床上，竟以此而终。

她死时，我舅舅一家正在给表弟办喜事。母亲带着我们在外祖母灵前悲痛不已，对外祖母明显缺乏人照顾，心生怨怼。

我家离外祖母家三十里，道路不通，小时走一次亲戚需要大半天，都是在高粱地里穿行，有时迷路。那时，外祖母每天都在屋山角搭手眺望，她说："桃红的时候，外甥就来了。"（她家门前有一棵桃树）我们也都在这个时候准时出现，之后，在小小的胡东南宅度过一个快乐的暑假。

天热得很。夜晚，大人小孩都到河边或树下睡觉，月光如洗，一夜潮露尽湿衣衫。外祖母不让我们在外面睡，怕我们着凉。她把自己睡的竹床让给我们睡，她睡在地上。

外祖父是家中老大，父母死得都早，排行在后边的四弟、五妹就由童养媳出身的外祖母带着。外祖母说："脚头睡一个，怀里抱一个。"他们长大后都视外祖母如母。三年灾害时期，外祖父的四弟在部队，把大女儿寄在老家，外祖母把能吃的东西先给四弟的女儿吃，剩下的才给我小姨吃。外祖母说："都饿死也不能饿死萨梅（四弟的女儿，在拉萨出生）。"所以我小姨始终身体不好，常年离不开药。

外祖母裹着小脚，缠着头巾，每天晚上的工作，不是纺花就是织布。她把织好的布一匹一匹放在箱子里，箱子满了后再由外祖父背到集上卖。卖布的钱，主要用来帮助更加贫穷的亲戚。

外祖父的四弟在九十岁时头脑已经不清楚了，但对外祖母的事却还记得。他经常对家人说："把我嫂子接来！"他说这话时，外祖母已经去世二十多年了。

姑姥姥

姑姥姥是母亲的小姑，是跟着姥姥长大的，所以对我们格外疼爱。我姥爷对她非常严厉，什么都是姥爷说了算。她的人生悲剧，也是姥爷造成的。

她先是由姥爷做主嫁给一个精神病人，后又嫁给姨兄，没有生过儿女。

她非常勤劳，走到哪里都挎着一只很大的荆条筐，里面装着草或红芋蔓菁之类，有时就挎着这只筐一直走到娘家去。娘家人除了我姥姥其他人对她都不热情，所以每次走亲戚她都会哭一场，之后还是要去的。她说："我就是眼泪多，鼻子一酸，眼泪就下来。"

她家过得并不比我家好，但因为我家小孩多，她还是不断地帮衬我们，连烧死的树木也拉给我家盖房子。相比之下，我父亲的姑姑就离我家远远的，只差捅破和我家划清界限这张窗户纸。

姑姥姥有一块黄瓜园，夏天要不停地浇水，我帮她浇水，其实是想吃她种的黄瓜。她家的柿树、枣树很多，每年我们都吃她婆好的柿子。除了柿子、枣和姥姥家的桃，我小时没有吃过其他水果。

她家的香椿树也多，小时走亲戚，才进院子就迫不及待地喊："姑姥！"只听到答应却不见人，原来姑姥姥正爬在高高的树上摘椿芽。

吴 月

刚上初中那年，同学吴月给我写信，这使我孤独的生活变得很温馨。我与吴月，青梅竹马，她好穿一件月白色的褂子，上面有许多圆点。圆圆的脸，圆圆的眼睛，扎一根长长的辫子，在胸前或身后摇摆。

她家生活好，所以发育早，才十三四岁，就显得很成熟了。我那时是丑小鸭，又瘦又小，而且性格内向。

她给我写信，不过是告诉我昨天她做了什么，今天的劳动课怎样，都是写在练习本的纸上，并且把信叠成鸽子或者小船的形状，让一个比我们小的同学送给我。这个同学后来把这件事说给全班的同学听，吴月非但不生气，索性邀请我星期天到她家玩。

我母亲听说这件事也没有生气，她甚至还可能暗自高兴。她最担心她的儿子长大后娶不到媳妇——没有人愿意嫁给一个成份不好的家庭。生产队的干部经常用这句话吓唬我母亲，说别的对我母亲没有用，只有这句话能够让她屈服。

一天下午，我按照事先的约定，涉水淌过白莲沟，来到吴楼她家的院墙下面，徘徊不定，许久不见吴月，直到吴月从院中扒着一棵枣树露出脸来，对我一笑。她解释说，因为她妈妈不叫她出来，让我久等了。我小心走进她家院子，这是一个大队干部的院子，虽然也晒着粮食，却仍然大而威严。仿佛还有两条凶恶的狗，藏在某个角落，让我霎时变得既害怕又自卑。我在吴月的闺房里只坐了几分钟就坚决告辞。经过白莲沟时天已经黑了，感觉沟里的水比来时变深了，而且流得也急了，风很大，心里更加害怕。因想，要是我在这里淹死了，母亲肯定不会知道吧。

我的"初恋"从这时起便匆匆结束。自我离开家乡，就没有再见过吴月，但她少女时的脸庞我依然记得清楚：可爱而善良，温柔而坚定，像一朵朴素的草花，在风中摇曳。

想起朱萍

——纪念第二十七个教师节

2010年六七月间，我校青年教师朱萍，临近分娩时，夜晚在家中卫生间跌倒，致大出血流产，母与子俱不幸死难。陪伴她的人睡在卧室，到天明才发现，人已不治。

事情过了这么久，有时还会想起朱萍，想起那个又瘦又小弱不胜衣的女子；而她高高的额头，大大的眼睛，又显得那么聪明和坚定。想起告别朱萍时，张凤等许多老师泪水满眼的样子，尤其是她的学生闻讯后，举班痛哭的情景，心中依然感伤。

朱萍是学校自聘的教师，没有编制，待遇也很低，当时每节课的报酬仅有十块钱，以后才调整为二十元。在学校英语教师最缺的时候，她甚至带了四个班的英语课。即使是中途接课，她也乐意接受，而且总能和同学们，包括那些最调皮的学生相处甚好，形同姐妹（弟）。因为要不停地上课，她似乎永远是沙哑的嗓子，永远不停地在教学楼上下奔走，而且永远面带微笑。她是学生最喜欢的老师之一，每学期学生对她的评价都很高。

她不是班主任，却总是很早到校，很晚离校。我经常看见她在课间匆匆买一个卷馍，一杯豆浆，边走边吃。

朱萍跟我讲过，她班里一个学生因为成绩不好退学了，她觉得那学生的画好，可以学美术，于是每天放学后，她都到学生住的楼下等，把小区的人都感动了。不让一个学生掉队，这使她很有成就感。

学校每年都通过教育和人事部门招聘教师，但是朱萍却连报名参加考试的资格也没有，就因为她学的是非师范类专业，虽然她早就取得了教师资格证。好不容易报上一次，通过了考试，但最终还是被取消了。朱萍去世前几年，每年这个时候，都给我打电话或发短信，请求我给她报名。——除了我，当官的她一个也不认识。可是我最终也没能帮助她实现愿望！而朱萍还是像平常那样勤奋敬业，那样热爱学生，不怨天，不尤人，表现了一个青年教师良好的素质。

我记得朱萍在去世前几天，两手捧着大肚子，行动已经很困难了，找到刘校长和我，要求秋季开学时上课。我们都不同意，朱萍只好又艰难失望地离开了。现在我很后悔当时如此简单地拒绝她，朱萍承受了太多的拒绝和失望，这让我感到对她总有一种没有尽到责任似的歉意。

纪念思凡

高三（21）班学生庞思凡因病去世后，我收到了同学们写在各种纸片上的怀念她的文章。在这个特别漫长的"十一"假期里，阅读这些文字，心里充满对已逝生命的深切同情和思考。以下引文都出自同学们之手。

"得知思凡去世的消息，顿时，班里一片寂静。"

"我们根本来不及反应，世界黑了，灾难来了，你也随着风飞走了！"

"那个来过我生命里的人……"

"那个像精灵一样，充满欢乐和希望的人！"

"大家都叫你庞庞，我也喊你庞庞，回来吧！"

"我们想念你，希望你活着，哪怕当一辈子植物人！"

"语文老师在班里读你写的文章《蒲公英》，知道吗？我们都哭了，你是不是像蒲公英一样，去追逐你的梦想了呢？"

"班里筹办6月份同学生日活动的时候，我看见你的名字也在上面，想到此时的你还在病床上生死未卜，心里突然觉得涩涩的难受。过生日的同学上台讲话时，都对你送上祝福，希望你早日康复……"

……

更多的同学回忆思凡在他们身边时的琐事，真实而感人；回忆她的友善、宽容、节俭、认真、刻苦和顽强。

我不认识庞思凡，通过同学们的叙述，对于这个品学兼优的学生，有了清晰的印象：整齐的刘海，羞涩的面庞，戴着一个大大的眼镜……有一位学生写的题目甚至是《生如春花之绚烂，死如秋叶之静美》。

在思凡病重的时候，我和思凡的父亲、姐姐都通过话。之后她的姐姐——同样是一个学生，给我发了一条近于绝望的求助信息，我把信息转发给政教处和团委，他们立即在全校师生中发起捐款活动。遗憾的是，当第一批捐款52 000元送到几百里之外的医院第二天，思凡就告别了人世，所有的努力都没能挽救这个美好的生命！

21班的同学，经过这次沉重的打击，一下长大了，他们不是变得脆弱了，而是变得坚强了。班主任对我说，我感到我带的是一支悲壮的队伍。

"莫非生命就是要很短暂，才明白时间多实在。"他们不约而同地提到林宥嘉唱的一首歌《思凡》。以前我只知道昆曲里有《思凡》，不知有林宥嘉。会唱林宥嘉的孩子，不应该这么早就死！

是的，生命是有限的，但也是美好的，思凡以她的死警示同学们，要珍惜生命，热爱生活。

在陪伴思凡与病魔作斗争的日子里，同学们不仅真正懂得了要学会学习，学会做事，也懂得了学会关心。

懂得作为一个人，作为一个家庭和社会的成员，作为一个公民，应承担各种不同的责任。

懂得如何感知和理解世界，寻求在学习之外的品行、情感和健康等方面持续不断地完善自己。

懂得要具有接受打击和失败的能力，重新投入积极的生活。

这也是学校的使命，包括思凡在内，我们致力于培养具有这样品质的学生，并为他们感到骄傲和自豪。

剪　报

　　搬家以后，大部分书都搬到了楼上的新居，原来住的平房里，只剩下几架旧书和一箱箱的旧报纸。这些报纸静静地躺在那里，又有两年了。现在，平房即将拆除，我不得不在这落满灰尘、充满潮气和霉味儿、然而又怀着亲切感情的旧书房里，清理每一张纸片。

　　整整一个星期，我呼吸着这种不清洁的、残留着书香的空气，沉浸在剪报的乐趣中。我换上旧衣服，除了吃饭的时间，从早到晚都坐在这间冷清的屋子里。剪剩的报纸丢在脚边，堆到院子里。

　　我一张张地翻开这些六七年前的报纸，迅速浏览着副刊的标题和作者的名字，它们就像老熟人似的，一一接受我的拜访。有些人的文章好像昨天才看过，有的念念不忘，以为再也找不到了，现在突然重新发现，叫人怎么能不高兴呢？

　　报纸大约有一二十种，其中《文汇报》是每版都要看的，《光明日报》的一个专栏比现在扩大了的周刊好看得多；《新民晚报》密密麻麻的，又要翻来掉去才能看。《新民晚报》的《读书乐》我是整版剪下的，多年来已经装订了一本又一本，如今又裁下厚厚一大沓；还有《文汇读书周报》，两天捡出十几份，恰好都是当年装订时缺少的。

　　原来收藏的书目报，逢上重大事件时的各种报纸，这次都扔掉了，只保留了《古籍新书目》等少数几种，其余大部分当时杂乱保存起来的报纸，现在不得不对它们大开"杀戒"，因为实在没有地方安置它们。当然，有的也叫人犹豫不决。《书讯报》是当时我爱看的报纸之一，从那上面我邮购了不少书。这份报纸1993年遭到彻底改变，结果让我大失所望，所以我很怀念以前的《书讯报》。但是最终我还是剪毁了它们，只留下几份作纪念。

在台湾的亲戚曾给我寄来许多《联合报》副刊，但我剪下的很少。还有其他几种，总体上不如我们的副刊。

剪报也让人怀念那些逝去的作家。陈白尘、唐弢、聂绀弩、汪曾祺……，连艾青、冰心、萧乾也死了。往往他们今天还在悼念一位朋友，明天就有了送别他们的文章了。报纸就像一座历史舞台，迎来送往一个个人生。

有些还顽强活着、受人尊敬的老人如巴金、孙犁，也不再发表文章了。当初他们写作是多么勤奋！几乎各种报纸都有他们的文章。现在，只有施蛰存、柯灵、黄裳等人还在坚持写作。

剪报时的心情是不平静的。对邪恶的愤怒，对不幸的同情，都会让人停下手里的活，沉默一阵。美丽的奥黛丽·赫本逝世了，我剪下她的照片，看着与我要剪的东西不相干的介绍，就这样边看边剪，一直到天黑。

写在冰心边上

冰心的文学成就，主要体现在翻译和儿童文学创作上。这是我读冰心译《泰戈尔诗选》时的感受。泰戈尔毕生热爱儿童，像《新月集》中歌颂的那样。《吉檀迦利》着重宣扬爱，也颂扬了儿童的天真无邪，都与冰心有惊人的相似。

在泰戈尔《飞鸟集》的影响下，冰心写了《繁星》和《春水》，造成"小诗的流行时代"，但它们还不是成功的文学作品，这类小杂感还是幼稚肤浅。随后冰心开始写《寄小读者》，最终使她成为一位著名女作家。

冰心长期致力于儿童文学的创作，"三寄小读者"前后相隔近六十年。《寄小读者》是著名的通讯，内容以赞美母爱、童真、自然为主。这些纯情的散文，像润物无声的春水，于潜移默化之中改善人生，美化人生。这正是冰心一开始宣扬的爱的哲学。茅盾在《论冰心》中说："在所有'五四'时期的作家中，只有冰心女士最属于她自己。她的作品中，不反映社会，却反映了她自己，她把自己反映得再清楚也没有。"独行的冰心呈现的是一种温柔单纯的风格。在她身上，除了"童心"和"真"以外，好像再没有别的，像一种小鱼儿通体透明。即使是在"文化大革命"这样险恶的年代，冰心也没有多少改变。她记述这一时期的生活：除了陪斗，"就坐在书桌旁学习毛主席著作。我是一边看书，一边手里还编织一些不用动脑筋的小毛活"。冰心在干校，"种棉花，拾棉花，无论做什么都感到新鲜有趣。"好像"文革"是一场轻松的运动。冰心从来只善于对美的感受，而不善于对丑的思考。"文革"结束后，冰心不赞成写"伤痕文学"，而是继续写"寄小读者"，此时巴金正在写《随想录》，稍后，陈白尘写《云梦断忆》，流沙河写《锯齿啮恨录》……

但是冰心毕竟是文学研究会的作家，她的思想的锋芒在晚年时有流露，在《〈孩子心中的文革〉序》中，她说："我认为三座大山中，'封建主义'在那时的中国从来就没有彻底被打倒过，帝王、神仙和救世主的思想，也都存在。我们在六十多年前的'五四'游行中所要求的'民主'，也是最近八年，才露出曙光。"这样的话在冰心可说是绝无仅有。她有时也流露出淡淡的迷茫，像《我的家在哪里?》，但是最终缺乏批判的深度。

冰心回忆童年往事，记得故居厅堂的楹联是：海阔天高气象，风光月霁襟怀。她还喜欢一幅"集龚"的对联：世事沧桑心事定，胸中海岳梦中飞。显然这只是一种自慰，对于这位"文坛老祖母"而言，也许更多的还是沉浸在昔日的荣光里。

袁可嘉教授谈新诗写作

—— 写给"现代诗社"的同学们

年轻时因为写诗，有幸认识了著名的九叶派诗人、学者袁可嘉先生，并且去过北京永安南里袁先生的家中一次，以后有过多次通信。

袁先生的信都是写在中国社会科学院外国文学研究所的信纸上，字很小，但很工整，很难想象像袁先生那样高度近视的人，却写出如此细小的字，可见他认真的态度。

袁先生在信中对我说，诗歌，"我以为还是要顺着自己的气质和兴趣"写作。"从你的作品看，你还是走现实主义的创作道路为宜，因为你关注现实人生，主张文以载道。问题在于怎样能把生活经验升华提高，并予以艺术的表现。在新诗方面，你可多向艾青、李瑛、贺敬之、何其芳（后期）等人学习，外国诗人则可读惠特曼、维尔哈仑、聂鲁达等。当然，冯至、卞之琳以及九叶派诗人也值得研读，因他们也有结合现实主义的一面，只是用现代主义的技法而已。"

袁先生所谓用现代主义的技法，即是要用含蓄、烘托和意象来渲染气氛，引起美感，为读者留下想象和回味的余地。

袁先生说："好的诗，不论古今中外都是艺术地表达生活中的真实，生活与艺术必须取得平衡。对生活（不管是社会的或个人的）务必要体验得深，对艺术务必要力求其精，这样才能产生好诗。"

以上所引信的内容是袁先生 1994 年 4 月 21 日写给我的，1995年袁先生还签名赠我一本他的新书《半个世纪的脚印：袁可嘉诗文集》，之后，他去了美国女儿家，直到 2008 年去世。那时我已经来到学校，不写新诗了，但还是袁先生译诗的爱好者——直到今天。

我反复默念他翻译的叶芝的名诗《当你老了》，回想起与袁先生的一面之缘，心里充满惆怅：

当你老了,头白了,睡思昏沉,
炉火旁打盹,请取下这部诗歌,
慢慢读,回想你从前眼神的柔和,
回想它们昔日浓重的阴影……

赭山日记

（2004 年）

今年春天，余去芜湖安徽师范大学参加全省第 25 期完中校长培训班学习，为期 80 天。生活学习，两难忘之，特发部分日记，以为汇报云。

3月23日

上午举行开学典礼，下午在继续教育学院 201 教室上了第一课。由师大一位退休的副校长夏瑞庆先生讲"邓论"。夏穿一身牛仔装——据班主任李宜江说，夏当校长时最反对青年教师穿这种衣服——看上去不过五十岁。

买胡兰成《今生今世》，看了两章。感觉像山中的草花，有朴素的美。出自一个无耻的文人之手，使人困惑。

3月24日

雨。听孙德玉先生的素质教育课和姚运标博士的教育管理课。孙先生文质彬彬，有学者风度。他上课只用一支粉笔，引古论今，俱出胸臆。姚先生"烟酒嗓子"，三分钟后才能听清他在说什么。他上课喜用身边事例，俯拾即是，说明事理，恰到好处。

3月25日

每天和大学生同时起卧用餐，仿佛又回到了学生时代。食堂有酱鸭，三块钱一碟，下米饭味美。

师大学生恋爱的很多。教学楼前一片青草地，名之曰"情人坡"，学子们缠绵拥抱，旁若无人。恋人叫"伴儿"，假如没有伴儿，似乎不高明。大四才开始谈恋爱，就被称为"黄昏恋"了。

3月26日

"理想、希望和意志可以说是决定一生荣枯的最重要因素。教育如果不能启发一个人的理想、希望和意志，单单强调学生的兴趣，那是舍本逐末的办法。只有以启发理想为主，兴趣才能成为教育上的一个重要因素。"蒋梦麟这段话，是半个世纪以前讲的，今天还是有用得很。一中上学期请留学美国的校友给同学们作报告，结果这位留学生讲述他学习成功的经验是：设想每熟记一个单词，等于得到一美元。我不知道靠这种信念获得的成功算不算成功。

3月27日

芜湖多小山，许多房子就建在山上。山上多树、多竹、多草花，正是鸟语花香的季节，所以整个城市就像一座公园。长江从这儿向北延伸，故从前称江北为江西，称江南为江东。项羽的部队，就自称是"江东子弟"。

美丽的安师大，就建在这个天然公园里。它背靠赭山，相传干将铸剑时炉火浇冶而成；前有镜湖，又称陶塘，为南宋诗人张孝祥捐田所辟。青山隐隐，绿水漠漠，正是读书学习的理想之地。

3月28日

星期天。读白寿彝《史记新论》。新论视野扩大，深入浅出，不愧是《史记》研究的传世之作。白主编《中国通史》22卷，因成于众手，不仅冗长，而且缺乏文采。据说新编《清史》要上百册，字数抵得上一部廿四史！像张荫麟《中国史纲》那样的书，今后恐怕再也没有了。

3月29日

下午学习完"三个代表"，仍回宿舍看《今生今世》。胡兰成是教会学校出身，故其文章有经书味；读旧小说多，故其文章有宣宝卷味；读诗词多，所以喜卖弄。而自"天涯道路"以下，俱是浑人无聊之辞。

胡兰成写张爱玲的情节，应该属实。张看似"临水照花人"，骨子里是俗的，品格是不高的。

3月30日

傍晚，亳州来的校长们饭后相约在镜湖边散步，但见湖面像一块翡翠，游人缤纷，岸柳披拂，不觉忆起袁宏道《西湖游记》里的佳句来："西湖最盛，为春为月……湖上由断桥至苏堤一带，绿烟红雾，弥漫二十余里。"镜湖之花态柳情，虽不若西湖勾人迷魂，但和滚滚长江相对，也自有一种趣味。湖边有萧云从雕塑，我疑心就是屈原；有阿英纪念馆，不知深藏在何处。假如河流是一篇小说，原野是一篇散文，那么，湖，是最像诗的东西。文人，都是热爱湖的。

4月8日

上午又开始听课。202教室新来了一班幼儿园园长，园长们服鲜被丽，使大楼为之生辉。园长班唯一的"男生"，让校长们"羡慕"不已。

雨后的师大校园，到处弥漫春天的气息。我常想，空气是有颜色的：乡村是一种颜色，城市是一种颜色，大学的上空又是一种颜色，每个地方的人都沾染了一些，这就是气质。有人回忆年轻时远游求学的情景时说："在燕大，我没有学到一点东西，却只是感受了学问的朝气，不是学问的结果，而是学问之始。"安师大虽然不是一个很大的学校，但给人的感受却是相同的。

4月11日

星期天，游敬亭山。敬亭山在宣城北，高仅三百余米，自谢朓、李白相继赋诗后，遂使名闻天下。惜历代名胜湮灭殆尽，今仅存古昭亭石坊与残破的双塔遥相对峙，其余杂树丛生，略无可记。最杀风景的是，一条水泥公路直达山顶，上有电视信号发射塔。昔日李白"临风怀谢公"之北楼，是否就是现在这个位置呢？

李白平生自负，目中无人，而能"一生低首谢宣城"，"令人长忆谢玄晖"，为仅有的例外。盖谢朓的人生悲剧有使太白共鸣者，而谢诗苍然秀逸，实开唐诗之先声。故沈约称赞说"二百年来无此诗也"。杜甫更认为"谢朓之诗已有全篇似唐人者"，不言这是唐人接受谢朓影响所致。

当年在谢公眼里"兹山亘百里，合沓与云齐"的景象虽与想象中的敬亭山不同，但来此凭吊，抚今追昔，诵谢李诗，仍然让人感慨不已。

同游者定远方华龙，亳州孙锦伦、韦宏，二中何国柱。下山后在城中食鱼，味美。

蜀山日记

（2012年）

4月16日，余至合肥师范学院参加全省第九期高中校长研修班学习——同学戏称"三陪（培）"。我的"一培"（任职班）、"二培"（提高班）均在安徽师范大学，至今已有七年——年且五十，获此机会，其珍惜可知。同学合肥七中夏立松校长编辑简报，向余征稿，而一时无稿，乃抄录在肥学习日记数篇以应命，名曰《蜀山日记》。

4月16日

上午，到合师院报到，入住教苑宾馆，与淮南一中潘惠龙书记和当涂县石桥中学简齐东校长同住一室。据说，教苑宾馆是最破的大学招待所，大概多年只增加了一道自动门。

下午，送女儿回安大。在图书城买洪业著《杜甫》、顾诚著《明末农民战争史》等书。洪业只有这么一部专著，还是从英文翻译过来的。顾诚也是著作很少的学问家，但他们二人的见解，许多被视为不刊之论。他们对史料的爬梳，几乎是涸泽而渔式的，今天做学问的人已经缺少这样的功夫。顾诚与洪业也有不同，顾诚做学问的方法是旧式的，思想观点却是马克思主义的，他对农民战争的看法，是不经证明就已经有的。

4月17日

上午，在图书馆二楼干训二室，听李继秀教授上的第一堂课《走向优质教学》。李教授目光如剑，英气逼人，提问时一一点名，如对蒙童。

她的课对更好理解《国家中长期教育改革和发展规划纲要（2010—2020年）》很有帮助。何为教育？教育，今天追求什么？李教授用了大量观点，加以论述。李教授很喜欢雅斯贝尔斯，雅斯贝尔斯关注人的精神世界，他说，真正的教育绝不容许死记硬背，也从不奢望每个人都有真知灼见。教育是人的灵魂的教育，是对终极价值的虔敬追求。李教授向校长们推荐这位哲学家，她说，要看雅斯贝尔斯，真的很好。

4月18日

上午，举行开学典礼。典礼结束后，班主任樊彩萍副院长安排事务，提出要求。毫无疑问，樊院长是个极其认真负责的人，据说她刚刚做过手术。我认识的几位师院老师都说过类似的话：我们的条件是不好，但是我们的敬业精神是最好的！

4月19日

上午，中国科技大学徐飞教授为我们作《文明转型与教育思想的现代化》的报告。徐教授不仅是个学者，还是一个表演家，其生动形象的语言举止，足以让人停下手中的笔，会心一笑。但徐教授的幽默往往是黑色的，使人在笑过之后产生一种无奈或无助；当然也有反思在里面，如讲现代化教育的社会环境，通过一张张优美的照片，展现城市或乡村的高度文明。想想吧，那些我们最为熟悉的学校，或者就是我们自己的学校，在一个有几十年历史的校园里，可能连一棵大树也找不到。徐教授说，一个民族，如果连树都养不大，怎么能产生思想？他还说，只有在良好的环境里，才会思考自然奥秘，探索宇宙变化，西方的知识源头是在这样的环境里产生的。

4月20日

下午，听华东师范大学文新华教授作《校长转型发展与学校发展战略》的报告。文教授是《国家中长期教育改革和发展规划纲要（2010—2020年）》起草小组的核心成员，其报告重要性不言而喻。而师院落后的"条件"，与这位具有先进思想的教授一再开玩笑，先是电脑打不开，接着是音箱冒烟，最后干脆停电，报告草草结束。主持报告会的樊院长非常机智，歉意地对大家说，真是好事多磨，文教授昨晚来肥时，飞机晚点四个多小时，合肥想必要给教授留下深刻印象。

岭南日记

（2013年）

——广州华南师范大学亳州校长班学习日记

6月22日

上午，听教育学院冯生尧教授作的《中学课程改革比较》专题报告。冯教授是有名的课程专家，我最早看他这方面的研究是《课程改革：世界与中国》，接着又看了华南师大另一位名师冯增俊教授主编的"国际基础教育丛书"，对各国基础教育开始有了一些了解。今天直接聆听冯生尧教授的授课，当然很高兴，而冯教授似乎对中国的课程改革，有太多无奈，他对我们的现状以及课程、教材、课堂还有高考，都不满意。他说，如果华罗庚在今天会怎么表现？他会：第一，考奥数；第二，这次我数学考95分，下次一定要考100分。为了这5分，他要不停地重复学习，而不会继续学习大学的课程，学习多元微积分。他有没有这个能力？当然有，但是中国的高中不会提供多元微积分的课程，因为即使开了这门课，高考也不考，学了大学也不认。另外，还有一种情况，华罗庚数学好，但是老师说他语文不好，必须从85分提高到95分，于是他还要花大量时间补语文，防止七减一等于零。冯教授的这个假设，把应试教育的问题暴露无遗。

高考改革一直是社会关注的话题，冯教授比较了内地和香港语文高考评核的内容、形式、比重，显然香港的设计更为合理。华南师大高凌飚教授十年前提出今后高考改革的一些建议，包括变全国统一的一次性高考为多次的、分层的高考，建立报名、招生、录取的社会化服务机制和监管制度，减少封闭型试题的数量，增加开放型试题，等等，冯教授是赞成的。直到今天，关于高考改革的讨论也大抵不出这个范围，当然，只能是讨论。

6月24日

听政治与行政学院魏则胜教授作的《文化对教育的影响》的报告。魏教授的主要研究领域是马克思主义理论与思想政治教育，他又是马克思学院副院长，所以班主任董振宏博士介绍说，魏院长是管方向的。在中国，管方向的人给人的印象差不多都是严肃的，而魏院长显然不符合这类标准，他上课多了一份人文情怀。他又是安徽人，在广东听家乡的老师上课，感觉很亲切。特别是魏院长流露出的对家乡的眷恋之情，让我们感动，这就是文化。

文化对教育有什么影响呢？文化社会学者认为，什么是教育？就是用文化传播的方式推动人的精神完善和发展的过程。换言之，教育就是传播和传承文化的过程。文化的核心内容是价值观系统，而教育处于价值体系的中心，因此，有什么样的文化，就有什么样的教育。魏教授详细介绍了现代西方影响较大的几个教育哲学流派，特别是杜威，对于擅长抓考试的校长们来说，无疑打开了一扇窗户。

奥尔特加说，文化，是在崇高的大学中兴起，然后流经平原和沼泽的一条河流。这个富有诗意的比喻，很好地说明了文化与教育之间亲密的关系。

6月25日

上午，在暨南大学北门乘出租车到中山大学。中山大学在广州有三个校区，此处为岭南大学旧址，依傍珠江，风景秀丽，数十幢建于上世纪初期的美式别墅，掩映在高大林木之间，使康乐园具有欧美大学的古典色彩。

在这些红墙绿瓦的小洋楼中，有一个"神秘的领地"——位于东南区一号楼的陈寅恪故居，深深地吸引着每一个前来探访的人。陈寅恪是当代著名史学家，早被史学界群推为巨擘，是公认的"教授中的教授"。

今天赶上学校在怀士堂前举行盛大的毕业典礼和学位授予仪式，陈寅恪故居对外开放。门前草坪上，陈先生坐着的塑像前不断有学生献花、鞠躬、留影，二楼陈先生的客厅、书房和卧室都有学生流连徘徊。

陈寅恪一家从1953年搬到这里，到1969年被迫迁出，中间有多少悲欢离合，让人叹息？睹其物，思其人，感到历史就在眼前。

陈寅恪在二楼的书房兼教室开"元白诗证史"选修课，在助手的帮助下，写作《论再生缘》和《柳如是别传》，之后不久，"文化大革命"爆发。陈寅恪眼又瞎，腿又折，是个身份特殊的"资产阶级反动学术权威"，先是声讨者在批斗现场放一把椅子代表陈寅恪作为批判对象，后来又有人提出把陈寅恪抬到现场来批斗，幸有陈寅恪弟子、历史系主任刘节主动要求代替陈寅恪接受批判，此事才罢。会上有人问刘节作何感想，刘答，我能代表老师接受批判，感到很光荣。

很多人回忆，当时大字报之多，已覆盖了整幢东南区一号楼，远远望去，这座孤零零的两层小楼，就像一口纸棺材，被陈夫人唐筼悲愤地比作是"未死先吊"。夫妻两人经常相对哭泣，悲愤不已。这位被郭沫若称许为"雅人深致"的老人，此时自述自身的命运是"左丘失明，孙子膑足，日暮西山"，等待他的只有死亡。

告别陈寅恪故居，向北有陈序经故居，已经很破败，只有门前巨大的香樟树，依然生机盎然。陈序经是前岭南大学校长，陈寅恪从清华园到康乐园，是他一手促成，二陈惺惺相惜，命运相连。陈序经在"文革"中被诬为"特务"，1967年含冤去世。身后仅有的3千多册珍贵藏书，被学校后勤部门当做废纸卖给了废品收购站，得款127元2角。

"凡一种文化值衰落之时，为此文化所化之人必感苦痛。其表现此文化之程量愈宏，则其所受之苦痛亦愈甚。"（陈寅恪《王观堂先生挽词序》）陈寅恪、陈序经等一代学人的命运，令人痛心，发人深省。他们的命运，可能也是中国文化的命运，中国文化之所以历万劫而不覆，有王国维、陈寅恪等"中国文化托命之人"自不必说，远如冒生命危险藏诗书于孔壁的人，近如挺身而出如刘节的人，其捍卫文化之精神，不是同样令人敬仰吗？

安徽省利辛高级中学建校纪念碑碑文

　　维公元2010年8月26日，亳州市示范高中，原利辛二中高中部，新建利辛高级中学，历时四百余日，所费逾亿元，乃克有成。建成之日，师生云集，游陂池亭桥，赏松寒竹秀，讲学砥行，论议槐下，书声歌声，洋洋盈耳，其奋发有为之气，使人振拔。要之，利辛高级中学之创立，对利辛普通高中教育面貌和前景之塑造，意义重大，影响至巨。

　　县委、县政府历来重视教育，近年尤以优先发展为要务。起讲堂，筑门阙，兴学校，育人才，一时之盛，自建县以来，未之有也。利辛高级中学既得列入利辛县首批城市建设十大重点项目，省教育厅长程艺，市委书记方春明，市长牛弩韬，市委常委、组织部长、前任县委书记骆方平等领导，亲临视察；县委书记梁栋时刻关注，躬身指导，寄予厚望；县长程修略多次批示，使资金有续。县建委、县发改委、县财政局、县教育局、城关镇党委和政府及安徽水利公司等单位，皆殚力以济，例不胜举。因为之铭曰：

　　国运兴衰，系于教育。兴办教育，功德无量。专此并载，以励来者。垂之后世，永流其芳。

2010年9月16日

利辛高级中学　立

巩敬耕　撰文

状元阁记

太史公曰："人固有一死，死有重于泰山，或轻于鸿毛。"重于泰山者，众矣，而以一言振天下，泣鬼神者，岂非我乡先贤、亳颍中仅有之状元李黼哉！黼之守江州也，盗起河南，陷湖北，迫江西，守臣往往弃城遁。黼以忠义激士气，提孱旅，守孤城，日与贼战。及城陷，犹自挥剑叱贼曰："杀我！毋杀百姓！"愤骂就死，《元史》详记其本末。传闻紫柏老人读李江州传，涕泪交下，侍僧有不哭者，便欲推堕万丈深坑中。呜呼！人心之向背，岂偶然邪？当国家危难之际，或政治黑暗之时，风节之士，忘身家，履忧患，虽斧锧在前，而不改其度。天之未废斯文也，有以也哉！

余考察古仁人君子之所守，探究此绵长稳固之文化基础，其中国独有邪？抑教育之功邪？往者过，来者续，而忠孝仁爱，礼义廉耻之行为准则不变。往者吾其祭之，来者而有待也，因造状元阁于学园中，西北去李公状元坟四十里，而上距李公之殁六百六十二年矣。淝水逶迤，乾溪映秀，登楼四望，肃然有怀。癸巳年五月初六巩敬耕记。

淝水书院记

　　故西小杨村前胜利沟，即今之状元河也。自红丝沟至驻马沟，中经大小村庄十个，犬羊可跃而不绝如带，西淝河水注之。水之阳有园，曰"深秀园"，树木繁茂，已丑年卜其地而建利辛高级中学。越三年，再建利辛高级中学图书馆，乃国家集中连片特困地区普通高中改善办学条件中央补助资金所援建。馆成，名之曰淝水书院。

　　初，学校申办省示范高中，争取资金先后购书十万册，接受师生及社会捐书一万册。比又购藏《四部丛刊》、《四库全书》等巨帙。至此，经史子集，各以其次；中外古今，兼于一室；旧刻新刊，列书满架；手披目览，粲然可述。嘻！亦盛矣哉！

　　余少时，举国咸以读书为讳，书香之家，燔播殆尽。既而文禁浸开，而家贫无书，好学者相与借观，辗转抄录。至于今日，儿女辈无不生长于纷华，奔走于职场，大抵皆束书不观。学生备高考如科举，诵晨昏，废寒暑，应试而已。岂有欲求《史记》、《汉书》而不可得，幸而得之，则手自书，日夜诵读，唯恐不及者乎？噫！书与人，不已远耶？观往来圣贤读书为学之道，自一身以至于天下国家，岂不重哉！竹帛虽亡，鄙夫且知开卷有益，况今日耶？书院既建立，并向社会开放，余感而有记云。

关于李黼

李黼，字子威，利辛县汝集镇天官李村人，生于元大德二年（1298），卒于元至正十二年（1352），是我市有史以来的唯一状元。在反抗元朝的农民战争中，李黼站在统治阶级一边，使初期的农民起义军遭到严重挫折。明人编修的《元史》把他列入"忠义"传加以表彰，自元末以来，士大夫尤其是知识分子，都把李黼奉为楷模。

天官李氏更早一些情况，已经无法得知。李黼的父亲李守中，以才学入仕，官至工部尚书。李黼受家庭影响，自幼熟读经书，修身饰行，泰定四年（1327），以明经廷试第一，授翰林院修撰。当时的礼部考试官，正是著名学者、诗人，领修《经世大典》的虞集。虞集认为，治经的目的，在于明道德，同风俗，而不是成为一个固陋的学究。因此取士，每称得人。此后，李黼在中央和地方频繁调动，先改河南行省检校官，迁礼部主事，拜监察御史。后转任江西行省郎中，复入为国子监丞，再迁宣文阁监书博士，兼经筵官。在担任地方官期间，李黼对教育、水利等民生问题非常重视，受到百姓爱戴。

1342年后，李黼又以礼部侍郎改任江州路总管。总管是守郡的副职，元制，汉人不能担任正官（达鲁花赤）。江州在唐朝曾为浔阳郡，即今九江，是江东、江西的襟喉之地，当时人口五十三万，领德化、瑞昌、彭泽、湖口、德安五县。

至正十一年（1351）八月，南部红巾军首领徐寿辉揭竿而起，迅速攻克蕲州、黄州，并在长江北岸积极造船，准备南攻。紧急情况下，李黼向江西行省建言献策，没有回应，于是整治城壕，招募兵丁，做好守城的准备。十二年（1352）正月，农民军横渡长江，势如破竹，驻守在江边的元军不战而溃，威顺王宽彻普化与省臣弃城而逃，武昌、瑞昌相继失守，江西大震。李黼不为所惧，与撤退到江州的黄梅县主簿也孙贴木儿沥酒宣誓，保卫江州。誓言未了，农民军的前锋部队已深入境内，仓促之间，号令士卒以墨涂面，统领出战。李黼身先士卒，大呼陷阵，也孙贴木儿紧跟其后，农民军大败。官兵追杀六十余里，一路之上，到处都是农民军的尸体。这一仗，农民军死伤两万多人。

李黼首战告捷后，料及农民军陆战失利，必然要从水上进攻，遂置七星桩于江中，严阵以待。不久，农民军数千只战船，果然扬帆顺流呐喊而至。船遇七星桩不能靠岸，进退无措，李黼率军反击，被火翎箭射中的农民军战船，在江中燃起大火，烧死和淹死的农民军不计其数，其余船只撤走。行省上报战功，请拜李黼为江西行省参政、代理江州、南康等路军民都总管，情况紧急时，可以不经批准，作出决定。

二月，农民军邹普胜部、丁普郎部继续向前推进，所到之处"焚室庐，掠人民"，江州形势更加严峻。徐寿辉的这些大将，勇敢善战，丁普郎在以后的鄱阳湖大战中，身受重伤，使其头颅被砍掉后仍然直立不倒，手执兵器还作出战斗的姿势，被敌人惊呼为神，其凶悍程度可想而知。危急时刻，行省平章政事秃坚不花从江州北门逃跑。李黼在内外援绝的情况下坚守孤城，无日不战。农民军进至甘棠湖，已抵城下，焚烧西门，李黼在西门，农民军徘徊不敢进。转攻东门，李黼救东门，农民军已入城，与李黼巷战。李黼自知不敌，挥剑怒斥："杀我！毋杀百姓！"叫骂而死，时年五十五岁。侄李秉昭随李黼守江州，围城的时候，李黼对秉昭说："吾以死报国，汝无留此。"秉昭泣涕回答："死生从叔父！"遂一同遇难。

昔年读韩愈《张中丞传后叙》，至今感动张巡、南霁云等人的英雄气概。及至读元史李黼传，更为我乡有此一人而自豪。史传李黼遇难时，百姓哭声震天，相率具棺，葬于东门外。等到朝廷对李黼的任命下达时，李黼已死一个多月了。于是赠李黼摅忠秉义效节功臣、资德大夫、淮南江北等处行中书省左丞、上护军，追封陇西郡公，谥"忠文"。下诏立庙江州，赐"崇烈"匾额。李黼死前一年，即至正十一年，刘福通起义，攻克颍州（今阜阳），李黼兄李冕率众抵抗，城陷被执，奋骂就死，史称忠节萃于一门。李冕，是李秉昭的父亲。又一百七十年，即明嘉靖十二年（1533），家乡人在颍州为李黼等立祠纪念，名为"三忠祠"。

元朝末年，政治黑暗，经济凋敝，水旱偏灾，兵连祸结，自延祐以降，民不聊生，统治阶级处于风雨飘摇之中。李黼一心忠于元朝的腐朽统治，不仅不能顺应历史发展的潮流，反而幻想上报朝廷，下拯生民，此种中国传统政治的道德观念，在李黼等知识分子心中根深蒂固，终身奉行。有名的元曲作者张养浩，任陕西行台御史中丞时，鞠躬尽瘁，得知民间有杀害儿女奉养父母的，为之大恸，捐出私钱救济饥民。张养浩去世时，老百姓悲痛如失父母。集贤直学士兼国子祭酒宋本，父子居官清慎，以至吃粥都难以保证。之所以如此，就是因为在他们心中，怀抱的是与李黼同样的政治理想与道德观念。当初农民被逼造反时，元臣子奉身鼠窜，或拥兵顾望，李黼以孤城屠旅，欲保一方平安，其结果可知。论者因此称元朝大科三魁，如泰不华死难海上，李黼殒命九江，李泊命丧高邮，都不负平生所学。

李黼遇难后，争战双方对李黼都作出高度评价，朱元璋称赞李黼为忠臣义士，虽身没而名存，自当垂训于天下后世。明朝开国功臣刘基，路过九江，写下《吊李江州》一诗："江州太守文儒宗，骂贼就死真从容。天翻地覆元气在，斯人万古其犹龙。"其后怀念李黼或拜谒三忠祠的诗文还有很多。三忠祠今已不存，李黼家乡天官李西北地近乾溪沟有状元坟，相传为李黼坟茔。关于状元坟，还有许多故事，至今在老百姓中间流传（见曹福祥《状元坟》）。又据南京某高校教师李槟撰文，称李黼后人，一支居巢湖半汤力寺村。果如其言，当是元朝灭亡后迁居于此。

李杜交谊事略兼及高适

韩愈诗："李杜文章在，光焰万丈长。"李白、杜甫在中国诗界树起的两座丰碑，千载之下，仰之弥高，魅力永存。两人的友谊也是很深的，仅杜甫赠李白的诗就有十余首之多。高中《语文读本》（人教版"试验修订本"）选录了"李杜交谊诗四首"，引起不少同学希望进一步学习和探讨他们的兴趣，因翻检旧籍，采撷成文，供师生们参考。

一、李侯金闺彦

闻一多曾以诗人浪漫的、蘸饱了金墨的笔，来歌颂两大诗人的初次会见："譬如说，青天里太阳和月亮走碰了头，那么尘世上不知要焚起多少香案，不知有多少人要望天遥拜，说是皇天的祥瑞。如今李白和杜甫——诗中的两曜，劈面走来了，我们看去，不比那天空的异瑞一样的神奇，一样的有重大的意义吗？""因为我们四千年的历史里，除了孔子见老子（假如他们是见过面的），没有比这两人的会面更重大、更神圣、更可纪念的。"（《唐诗杂论·杜甫》）天宝三载（744）春，44岁待诏翰林的李白因浪迹纵酒，疏散无状，受到唐玄宗疏远。玄宗以其"非廊庙器"，赐金放还，实际上是把李白逐出了宫门。此距李白受诏入京仅一年有余。这是李白第一次从政失败，对他的打击是很大的。可以想见李白临行赋诗，悲愤不平，挥泪出长安的情形。但从此李白也名满天下。

初夏，决定求仙学道的李白，来到洛阳。当时杜甫在洛阳正过着庸俗无聊的日子，一见李白，倾心向往。李白可能是个很有风采的人，有人夸他"天才英丽"，有人说他有"仙风道骨"，更有人称他是"天上谪仙人"。杜甫之被李白深深吸引，除了诗的原因外，恐怕就是他整个儿闪射着的、不同凡俗的某种光影一样的东西。加上他传奇的经历，自然让刚出茅庐的杜甫仰慕不已，称白"李侯金闺彦"。金闺，即金马门，代指翰林院。彦，是才俊之士。本年杜甫33岁，小李白11岁。与李白相比，更阔大的视界还有待来日开拓，更重要的作品几乎还没有写出。杜甫的诗歌创作从这时开始，明显受到李白的影响，比如开始重视七言体诗的写作。杜甫赠给李白最早的一首诗是：

> 二年客东都，所历厌机巧。野人对膻腥，蔬食常不饱。岂无青精饭，使我颜色好？苦乏大药资，山林迹如扫。李侯金闺彦，脱身事幽讨。亦有梁宋游，方期拾瑶草。

——《赠李白》

046　　大药，即金丹。事幽讨，即采药访道。瑶草，就是灵芝。唐代道教盛行，士大夫多炼丹并用灵芝合丹药服食，以求长生。杜甫出于好奇，现在又来了一个深信不疑的人，很快跃跃欲试。虽然这种兴趣是非常短暂的。二人意气相投，于是相约同游梁（开封）宋（商丘）。

　　梁宋都是中原大邑，商贾辐辏之地，十分繁华。这样的地方是不能不去的。还有，就是杜甫于两年前漫游齐赵时结识的高适（与李白同岁），此时就在宋中。高适喜言王霸大略，务功名，尚节义，年且五十，才有机会进身仕途，以后一帆风顺，但这时还穷居乡里，无以取给。三诗人此次相聚同游，赋诗抒怀，切磋艺文，彼此在生活上、创作上都产生深刻影响，留下美好回忆，堪称文学史上的一次盛会，让晚年的杜甫时时想起，怀念不已，"忆与高（适）李

（白）辈，论交入酒庐。两公壮藻思，得我色敷腴（喜悦貌）。气酣登吹台（即繁台，在开封东），怀古视平芜。芒砀云一去（《汉书·高祖纪》：高祖隐于芒砀山泽间，所居，上常有云气），雁鹜空相呼。"（《遣怀》）"昔者与高李，晚登单父台。（宋州单父，今单县，北有子贱琴台，高三丈。）寒芜际碣石，万里风云来。桑柘叶如雨，飞藿共裴徊。清霜大泽冻，（宋州以北至单父有大泽，曰孟诸。）禽兽有余哀。"（《昔游》）追述当年三人慷慨怀古，畅饮纵论，清秋狩猎的事甚详。邵子湘评论说，知己胜游，终身怀抱，故屡形之篇什，不厌其烦。

这样到了深秋，三人在宋中分手。高适南游楚地，杜甫要去兖州省父（杜甫父亲杜闲这时做兖州司马），顺便也想拜访一下大名人北海太守李邕。李白则北上齐州（济南），请北海（潍坊）高天师授道箓于齐州紫极宫。李白既入道籍，就是一个不折不扣的道士了。

二、醉眠秋共被 携手日同行

历史上的"开元之治"是一个什么样的盛世呢？杜甫是这样描述的："忆昔开元全盛日，小邑犹藏万家室。稻米流脂粟米白，公私仓廪俱丰实。"（《忆昔》）《新唐书·食货志》载："是时，海内富实，米斗之价钱十三，青、齐间斗才三钱。绢一匹，钱二百。道路列肆，具酒食以待行人。"唐代数十年来的社会富庶，交通发达，养成士大大阶层清狂放纵的习性，世家子弟、读书人交游干谒也是一时的风尚。天宝四载（745），杜甫于兖州省父后游齐州，这儿有他的童年好友李之芳（李邕从侄）。李邕闻讯后也特地从北海郡赶来，与这些年轻人游宴酬唱，其欢洽可知。李邕是当时的文豪、书法家，年近古稀，非常欣赏杜甫。他似乎不喜欢李白。

其秋，杜甫回到兖州，正好与寄家任城（属兖州郡，今济宁）此时正苦闷日深、牢骚不平的李白相会。遂有《赠李白》一诗：

秋来相顾尚飘蓬，未就丹砂愧葛洪。痛饮狂歌空度日，飞扬跋扈为谁雄？

李白与杜甫　上官周/画

　　蒋弱六评此诗："是白一生小像，公赠白诗最多，此首最简，而足以尽之。"叶嘉莹在长文《说杜甫〈赠李白〉诗一首——谈李杜之交谊与天才之寂寞》中进一步指出："在这首诗中，杜甫不仅淋漓尽致地写出了太白的一份不羁的绝世天才，以及属于此天才诗人所有的一种寂寥落拓的沉哀，更如此亲挚地写出了杜甫对此一天才所怀有的满心倾倒赏爱与深相婉惜的一份知己的情谊。"（《迦陵论诗丛稿》）

　　此后，二人在兖州同游日密。不仅流连风物，也结识新友，他们甚至还访问了城北一位姓范的隐士，杜甫为此写了《与李十二白同寻范十隐居》一诗：

　　　　李侯有佳句，往往似阴铿。（六朝诗人阴铿，善五言诗，为当时所重。）

余亦东蒙客,怜君如弟兄。醉眠秋共被,携手日同行。更想幽期处,还寻北郭生。(《后汉书》:汝南廖扶,绝志世外,不应辟召,时号北郭生。)入门高兴发,侍立小童清。落景闻寒杵,屯云对古城。向来吟《橘颂》,谁欲讨莼羹?(《晋书》:张翰在洛,见秋风起,因思吴中莼羹鲈鱼之美,弃官驾归。)不愿论簪笏,悠悠沧海情。

二人同行共被,情如手足,一时兴起,烦恼都无,出世之思油然而生。因此这首诗,最足以表达他们的知契之感。

整个秋天,他们就是这样度过的。分别时李白写下《鲁郡东石门送杜二甫》相赠:

醉别复几日,登临遍池台。何时石门路,重有金樽开。秋波落泗水,海色明徂徕。飞蓬各自远,且尽手中杯。

依依不舍、无限怅惘之情,像浓浓的秋色,令二人终生不能忘怀。"剧谈怜野逸,嗜酒见天真。醉舞梁园夜,行歌泗水春。"(杜甫《寄李十二白二十韵》)那是一段怎样的时光啊!这次分别也是永诀,此后二人再无相见。

三、故人入我梦 明我长相忆

天宝五载(746),杜甫到长安,始与汝阳王李琎、王维、岑参等人交游。而李白却在任城家中郁郁成疾,久病不起。其间李白有诗寄给杜甫:

我来竟何事,高卧沙丘城。城边有古树,日夕连秋声。鲁酒不可醉,齐歌空复情。思君若汶水,浩荡寄南征。

——《沙丘城下寄杜甫》

李白最不能忍受的是寂寞，所以他一生都在游荡。现在既然动不了，想起杜甫来，真是喝酒听歌都不能解愁。沙丘是李白在任城的寓居之地，汶水，源出莱芜，西南流入济水，正是杜甫告别李白通往长安的方向。

自然，杜甫更不会忘记李白。在以后的日子里，杜甫经历了无数艰难苦恨，但始终关注着李白的命运。以下是杜甫寄食长安后两三年间的诗：

寂寞书斋里，终朝独尔思。更寻嘉树传，不忘《角弓》诗。(引春秋时季武子不忘韩宣子的故事。)短褐风霜入，还丹日月迟。(对李白求仙学道有所怀疑。)未因乘兴去，空有鹿门期。(引后汉庞德公携妻子登鹿门山，采药不返的故事。)

——《冬日有怀李白》

白也诗无敌，飘然思不群。清新庾开府，俊逸鲍参军。(六朝诗人庾信擅五言，鲍照擅七言，意思说李白才兼庾鲍。)渭北春天树，江东日暮云。(时杜甫居长安，李白在吴，春树暮云，即景入情。)何时一樽酒，重与细论文？

——《春日怀李白》

对朋友的思念之情是越来越深了，因为李白是可以"细论文"的。有时有他们共同熟识的人去江东，杜甫也要请他给李白捎个问候："南寻禹穴见李白，道甫问讯今何如？"(《送孔巢父谢病归游江东，兼呈李白》) 可知李白虽然已经飘流到会稽（绍兴），还是在杜甫的视线里。

天宝十四载（755），安史之乱爆发，唐王朝由盛转衰。十五载即至德元载（756），潼关失守，杜甫携家逃难。闻肃宗在灵武即位，又只身投奔，中途被叛军所获，身陷长安。时李白闻潼关破，自金陵沿江而西，入庐山，隐于屏风叠。年底，加入借安史之乱之机妄图分裂朝廷的永王璘幕府。至德二载（757），永王兵败，李白受通缉入狱，最终定罪长流夜郎（今贵州西北部），第二次从政失败。这回参加讨永王璘之乱的领导人之一就是高适，时任淮南节度使，此时李白有《送张秀才谒高中丞》一诗，序言："余时系浔阳狱中，正读《留侯传》。秀才张孟熊，蕴灭胡之策，将之广陵谒高中丞（指高适）。余嘉子房之风，感激于斯人，因作是诗以送之。"诗中对高适大加颂扬，意在求救于高适，高适不应。

乾元二年（759），饥寒交迫的杜甫客居秦州（甘肃天水），偶尔听到李白不幸的消息，寝食不安，忧思拳拳，心中充满不平之气，写下《梦李白二首》：

死别已吞声，生别常恻恻。江南瘴疠地，逐客无消息。故人入我梦，明我长相忆。恐非平生魂，路远不可测。魂来枫林青（白所在），魂返关塞黑（甫所在）。君今在罗网，何以有羽翼？落月满屋梁，犹疑照颜色。水深波浪阔，无使蛟龙得。

浮云终日行，游子久不至。三夜频梦君，情亲见君意。告归常局促，苦道来不易。江湖多风波，舟楫恐失坠。出门搔白首，若负平生志。冠盖满京华，斯人独憔悴。孰云网恢恢，将老身反累。千秋万岁名，寂寞身后事。

陆时雍评论说："亲情苦意，无不备极。"仇兆鳌的评论是："前章说梦处，多涉疑词；此章说梦处，宛如目击……千古交情，唯此为至。"时则李白已经遇赦。

另有《天末怀李白》一诗，也是这时的作品，对李白的命运极为关切：

凉风起天末，君子意如何？鸿雁几时到（望其音信），江湖秋水多（虑其风波）。文章憎命达，魑魅喜人过。应共冤魂语，投诗赠汨罗。

诗中"文章憎命达"一句，出语激愤，意味深长，有极其感人的艺术力量。三首诗也是杜甫自悲身世。

杜甫最后一首怀念李白的诗《不见》（原注：近无李白消息），作于肃宗上元二年（761）。次年，李白卒于当涂：

不见李生久，佯狂真可哀。世人皆欲杀，吾意独怜才。敏捷诗千首，飘零酒一杯。匡山读书处，头白好归来。

李白第二次从政失败，身心受到沉重打击，时常神志不清，精神恍惚，所以杜甫沉痛地称李白"佯狂"。诗中第二句说，我并不是要为李白辩护，只不过是同情这个难得的天才罢了。他仿佛又看到李白清醒时诗思飞扬，潦倒时借酒浇愁的样子，不由自主地向这位老友发出呼唤，在李白思念的家乡向他招手。李杜二人，也算是千古知音了，所以浦起龙说："人人相知，贵相知心。公当日文章契交，太白一人而已。"李白一生热衷于功名富贵，求仙访道，成不了他的终南捷径时，才有自我疗伤的作用。但李白的热衷都是真的，动机都是纯的，比如想功名富贵，他就不会掩饰；参加永王璘幕府，也不是想去叛逆，他只是想当一回苏秦，以施其怀才而不被见用的霸王之略。假如这些愿望他都能够实现，他也不会如何贪恋，他又像是一个是非得失无介于心的人。应当说，对于写诗，他是天才；对于政治，他很糊涂。

此后又过八年，杜甫也走完艰难的一生，去往天国里寻找早已等候在那里的诗人李白了。

四、千秋万岁名　寂寞身后事

世人每以优劣论李杜，甚是无谓。正如以互赠诗篇的多少论两人的友谊一样，说明并不是真的懂得他们。自中唐以来，赞誉杜甫的语言，千千万万，就中以元稹最具代表性："余读诗至杜子美，而知大小之有所总萃焉。……盖所谓上薄风骚，下该沈宋，言夺苏李，气吞曹刘，掩颜谢之孤高，杂徐庾之流丽，尽得古今之体势，而兼人人之所独专矣。……诗人已来，未有如子美者。"赞誉李白的人也很多，仍以唐代的皮日休为代表："歌诗之风，荡来久矣。大抵丧于南朝，坏于陈叔宝。……吾唐来有业是者，言出天地外，思出鬼神表，读之则神驰八极，测之则心怀四溟，磊磊落洛，真非世间语者，有李太白。"从文学内涵或美学意义上来看，二人其实各领风骚，无分轩轾，今人论之已详。

两人身上有太多的不同。仅以亲情、友情为例：李白一生有四次婚姻，始娶于许，终娶于宋（宗），他对她们都没有什么感情，所以李白也就写不出像样的爱情诗来；杜甫则相反，他与妻子杨氏，相濡以沫，伉俪情深。近日收看央视人物专访，访文怀沙。文怀沙就是"扬杜抑李"派。他说，李白不爱女人，不尊重女人，所以只能是二流诗人；屈原、杜甫都爱女人，都尊重女人，所以他们都是一流诗人。细听不觉莞尔。然而李白的父子之情却很深："二子鲁门东，别来已经年。因君此中去，不觉泪如泉。"（《送杨燕之东鲁》）"我家寄在沙丘傍，三年不归空断肠。君行既识伯禽子，应驾小车骑白羊。"（《送肃三十一之鲁中兼问稚子伯禽》）但李白只是想念他们，而没有尽做父亲的责任，不像杜甫教育他的儿子"诗是吾家事"（《宗武生日》），尽可能与家人团聚。李白的责任感不如杜甫，所以他关心民瘼的诗就很少。杜甫出生在一个世代"奉儒守官"的家庭，怀抱的是"致君尧舜上，再使风俗淳"的理想。李白却连家世也弄不清楚，他幻想的是"功成身不居，舒卷在胸臆。"李长之说，生命和生活，是李白的本质（《道教徒的诗人李白及其痛苦》）。这话说得很对。

李白对于友情的反映也不同于杜甫。杜甫很珍惜感情，一生交过许多朋友，都能在杜甫最困难的日子里帮助他。高适，更是他终生的挚友，从始至终，书信未绝。有时得不到高适的消息，他就以怪词相问："天上多鸿雁，池中足鲤鱼。相看过半百，不寄一行书?"（《寄高三十五詹事》）如果高适的援助不及时，他就捎信相催："百年已过半，秋至转饥寒。为问彭州牧，何时救急难?"（《因崔五侍御寄高彭州一绝》）如此直接，弥见交厚。高适去世，杜甫偶尔发现他从前的寄诗，一时老泪纵横，感慨万千，写下《追酬故高蜀州人日见寄》一诗，其序曰："开文书帙中，检所遗忘，因得故高常侍适往居在成都时，高任蜀州刺史，人日相忆见寄诗。泪洒行间，读终篇末。自枉诗，已十余年；莫记存没，又六七年矣。老病怀旧，生意可知! 今海内忘形故人（应有李白在内），独汉中王瑀与昭州敬使君超先在。爱而不见，情见乎辞。大历五年正月二十一日，却追酬高公此作，因寄王及敬弟。"当年，杜甫亦死。在士大夫阶层中，与李白有如此交情的就很少，李白交往的多是道士、小吏或村夫之类。诗人当中，只有与王昌龄、孟浩然、贺知章等少数人关系较好。他对王昌龄，是同病相怜；对孟浩然，只是羡慕，且不论；对贺知章，也是羡慕。他写怀念贺知章的诗《对酒忆贺监二首》很有感情，其序曰："太子宾客贺公，于长安紫极宫一见余，呼余为'谪仙人'，因解金龟，换酒为乐，怅然有怀，而作是诗。"贺知章除了对李白有知遇之恩外，他的致仕入道也是极为风光的，玄宗亲自赋诗相送，排场很大。和李白相比，反差如此之大，李白羡慕他，也是自伤怀抱。

又如，李白对同时代诗人，是很少称赞的。杜甫则多加揄扬，对李白更是近于崇拜："昔年有狂客，号尔谪仙人。笔落惊风雨，诗成泣鬼神。声名从此大，汩没一朝伸……"（《寄李十二白二十韵》）高度评价陈子昂："有才继《骚》《雅》，哲匠不比肩。公生扬马后，名与日月悬。"（《陈拾遗故宅》）怜惜孟浩然："吾怜孟浩然，短褐即长夜。赋诗何必多，往往凌鲍谢。"而对老朋友高适，又是另外一种真情吐露："楚隔乾坤远，难招病客魂。诗名惟我共，世事与谁论！"（《寄高适》）凡此种种，不一而足。总之，社会上的各种关系，都很麻烦，李白不大加以理会，杜甫却非常认真。如写诗，李白是"斗酒诗百篇"，一挥而就；杜甫是"新诗改罢自长吟"，慢慢斟酌。做诗如此，做人亦如此，性格使然。李白漂泊一生，杜甫也奔走了一生，但杜甫的奔走都是有目的的，李白却无目标。晚年的李白，天涯失路，无可归宿，遇见陌生人，即引为知己；拜谒李姓官员，甘自称晚辈，甚者有称呼从祖的。其实李白是否姓李，还很难说。他和李阳冰，也没有什么关系，他之终于当涂，与其说是悦于谢家青山，不如说是找个歇脚的地方。一代天才沦落如此，怎能不让人伤心坠泪！

"大雅久不作，我衰竟谁陈？"随着李白、杜甫的去世，中国诗歌也终于走过了它光辉的顶巅。司马迁在《史记·屈原贾生列传》中，曾经高度赞扬屈原；至于李白、杜甫，毫无疑问，也同他们推崇的屈原一样，"推其志也，虽与日月争光可也。"

孔子传略

一、青少年时代

孔子名丘，字仲尼，春秋末期鲁国人，我国伟大的教育家、思想家，儒家学派的创始人。生于鲁襄公二十二年（前551。学者推断孔子的生日为9月28日，联合国即把这一天定为教师节），卒于鲁哀公十六年（前479），终年七十三岁。

孔子自称殷人，祖先原是宋国的贵族，至高祖父一代因为政治避难，亡居鲁国，遂为鲁国人。父亲孔纥，字叔梁，是"三桓"之一孟献子手下的一名武官。叔梁纥孔武有力，积战功而为陬邑大夫。陬是当时孔家居住的一个很小的地方。

叔梁纥有许多女儿和一个儿子，儿子残疾，叔梁纥不很满意。六十多岁的时候，与本邑少女颜征在"野合"而生孔子。所谓"野合"，就是没有婚约关系的结合，不是后人为尊者讳所说的不合礼仪。颜氏女曾经在曲阜东南尼丘山上求子祷告，孔子出生后因此取名丘，字仲尼。仲，是排行老二。但孔家的这个后代可能不受族人的认可，所以叔梁纥一死，年轻的颜征在便带着只有三岁的孔子移居曲阜。

曲阜是鲁国的都城，由于周王朝日渐衰微，"礼崩乐坏"，这儿实际上已经成为列国的文化中心。鲁国虽然是一个小国，而且偏于保守，但文化遗产却相当丰富，不愧是周公的封国。孔子八岁时，有名的吴国公子季札出使各地，到了鲁国，专门聆听了鲁国特别保存着的周朝乐歌。季札是一位博学而有深厚艺术修养的人，他对鲁国独有的完备的文化遗产，赞叹不已。孔子十岁时，晋侯使者韩宣子出使鲁国，"观书于大史氏"，流连忘返，也感叹地说："周礼尽在鲁矣。"说明西周的典章文物，在鲁国确实得到了较好的保存。孔子在童年、少年时代，幸运地接受了鲁国文化空气的浸染，奠定了他一生发展的基础。

孔子早孤家贫，养成了坚韧独立的精神。孔子说："吾少也贱，故多能鄙事。"因为贫贱，孔子从小学会了许多卑贱的技艺。依靠这些下贱的技艺，孔子和他的母亲度过了一生中最艰苦的时期。

孔子十五岁立志学习，十七岁时母亲去世。这位孝子打算把母亲与父亲合葬，但不知道父亲埋葬在哪里。这也说明孔家的人仍然不欢迎孔子，可能一直就没有过来往。这时候，主持鲁国朝政的季氏宴会名流，穿着孝服的孔子自认为是大夫之子也跑去参加，结果被季氏家臣阳虎挡在门外，奚落了一顿。孔子虽然具有士的身份，但这时已经沦落得和要饭的差不多了。孔子的自尊心受到极大伤害，这也是促使他更加发愤的一个原因。

两年后，孔子娶宋亓官氏为妻，次年生子鲤，字伯鱼。孔子此时的工作，除了从事各种"鄙事"之外，还兼职行"相礼"（司仪），这就是所谓的"儒"，一门古老的职业。"文革"中挖苦孔子出身"吹鼓手"，的确是这样子。这个兼职也是孔子重要的生活来源。

二十多岁时，孔子有了正式的工作，在季氏手下做过乘田、委吏。乘田是看管牛羊的，委吏是管理仓库的，都干得很好，但还不算是"国家公务员"。

孔子出入于显赫的季氏门庭，有机会进一步学习。不仅能够"入太庙，每事问"，而且还能抓住机会，向郯子这样有学问的领导人请教。这一时期，孔子还跟鲁国著名乐官师襄子学习鼓琴。

二、成为第一位教师

孔子三十岁时，已经掌握了系统的知识，熟悉文献，精通"六艺"，向他请教的人越来越多。于是孔子辞去季氏的工作，开始在家授徒设教。孔子的"招生广告"是："自行束脩以上，吾未尝无诲焉。"学费不高，只要交一束干肉就可以来上学了。

孔子的第一批弟子，包括颜渊的父亲颜路，曾参的父亲曾点，琴张、仲由、冉耕、冉求、仲弓、闵损、颜回、高柴、公西赤诸人，大都是贫穷的农民或贵族家的小吏和下人们的子弟。孔门"四科"中除了后来专门传播孔子学述的人以外，大部分都出自这批开门弟子。上课的内容，除传授书本知识外，孔子还根据当时社会的需要，选择了礼（仪节）、乐（音乐）、射（射箭）、御（驾车）、书（写字）、数（算术）作为学生的必修课程，它们后来统称为"六艺"，是当时年轻人踏入社会能够找到工作必须掌握的本领。上课常常在露天进行，因为有大量的演习课；上课也引来许多人围观看热闹，因为这是从来没有见过的场面。

这一新生事物的影响迅速扩大，贵族子弟孟懿子、南宫敬叔也成为孔子的学生。

孔子在教育的过程中也有不少困惑，由此萌生了想去周王朝所在地洛阳考察学习的念头。南宫敬叔根据孔子的愿望向鲁君提出申请，获得批准，鲁君还提供了交通工具给孔子。

洛阳已失去了往日的繁华，但象征全国政治中心的气象还在。在洛阳期间，孔子拜谒了周始祖的宗庙，参观了周天子处理国家大事的明堂。孔子还仔细观看了明堂墙壁上尧舜以及桀纣的画像，那上面各有好的和坏的评语。孔子对跟随他的学生们说："善于借鉴，这是周所以兴盛的原因啊！"

孔子来洛阳还有一个重要的目的，就是向渊博的老子请教学问。老子时任周朝守藏史（国家图书馆馆长），对孔子的来访，热情接待。这是一次伟大的会面，在中国文化史上具有划时代的意义。孔子回到鲁国后，跟学生们谈到对老子的印象时，不无景仰地说：

"老子的智慧真是高深啊，像龙一样扑朔迷离，老子就像是传说中的龙吧！"

孔子问礼　蒋崇阳/画

　　鲁国的政治由"三桓"控制已经很久了，"三桓"当中又以季氏为代表。季氏常常公然僭用诸侯甚至是天子才有的待遇，说明季氏根本不把鲁君放在眼里。季氏在家中观赏舞乐，就使用了周天子才能使用的礼制，在古代这是极其严重的犯上作乱行为，理所当然遭到孔子的激烈批评。孔子对学生们说："如果连这种违反政治制度的事情都能忍受，那还有什么不能忍受的呢？"可见中国的学校教育，一开始就具有民主的学风，学者可以根据自己的认知自由地褒贬政治，臧否人物。

　　以季氏的容量，暂时还能容得下孔子，但是容不下鲁昭公。在"三桓"的攻击下，鲁昭公狼狈奔齐。孔子对鲁国的前途失去信心，跟着也来到齐国。这时孔子三十五岁。

　　当时的齐国，在大政治家晏婴的治理下安定而强盛。齐景公格外看重孔子，同孔子讨论政治。孔子说："君君，臣臣，父父，子子。"君要像君的样子，臣要像臣的样子，各自找准位置，尽自己应尽的责任。这就是孔子的"正名"说。齐景公听了很高兴，待之以"季孟之间"。这是很高的规格，孔子俨然名列大夫了。但晏婴对孔子的那一套却不感兴趣，对齐景公说："儒者这种人，只会夸夸其谈，不能用他们来治理国家。而且他们所说的礼，繁文缛节，几代人恐怕都学习不完，一辈子也搞不清楚，不适合在老百姓中提倡。"齐景公信任晏婴，听了晏子的话，无可奈何地对孔子说："我老了，很遗憾不能重用你。"孔子只好又回到鲁国。

孔子自齐返鲁，鲁国的局面这时不但没有改变，而且连君主也没有了。孔子一时也无意于仕途，开始专心致志地教书。有人问孔子："您为什么不从政呢？"孔子说："《书》上说：'孝，指孝敬父母，友爱兄弟，并对政治产生影响。'这也算参与政治了，为什么非做官才算是从政呢？"面对清贫的生活，孔子说："用不义换来的富贵，在我看来，就像天上的浮云，是不会长久的。"此后的十多年，是孔子教书生涯中最轻松愉快的时光，《论语》中记录孔子与弟子们的谈话，也以这一段时间为最多。下面是孔子和弟子们的一段对话：

孔子问："平时你们总说'没有人了解我'，假如有人了解了你们并且准备任用你们，你们打算怎么办？"子路立即回答："把一千辆兵车的国家交给我，即使有内忧外患，只要三年，我就能治理好。"孔子微微一笑。又问："求，你怎么样？"冉求回答："方圆五六十里或六七十里的地方，让我去管理，等到三年，可以使百姓富足。""赤呢？"公西赤回答："如遇祭祀或外交活动，我希望能做一个小小的司仪。""点，你的志向呢？"曾皙正在鼓瑟，一曲结束，才站起来说："我的志向和他们不同：暮春天气，换上春衣，跟着一帮人在沂水河边洗洗脸，在舞雩台上吹吹风，然后唱着歌回来。"孔子听了，感叹地说："我赞成点呀！"

孔子曾经对颜回说："用之则行，舍之则藏"。以鲁国当时的局面，所志既不能遂，所感于是乎深。

师生们"志于道、据于德、依于仁、游于艺"之际，谈论政治，交流学问，各抒怀抱是常有的事。接下来是孔子与颜回、子路的谈话：

孔子说："说说你们的想法怎么样？"子路回答："我愿意把我的车马裘衣和朋友们一起享用，即使用坏了也没有关系。"颜回说："我愿意不夸耀自己的优点，不表白自己的功劳。"子路问孔子："能说说您的志向吗？"孔子说："年老的人能够安逸，朋友们互相信任，年轻人得到关怀。"

三、仕鲁

公元前510年，从齐国流亡到晋国的鲁昭公死了，鲁定公立，季氏继续把持国政。鲁国政治是典型的"上级服从下级"，一方面是"季氏僭于公室"，另一方面是"陪臣执国命"。季氏家臣阳虎是一个很有才干的野心家，专横跋扈到可以随时囚禁季桓子的地步。孔子素主裁抑权臣，对季氏的态度世所共知。阳虎有心背叛季氏，于是极力拉拢孔子以自重。阳虎想见孔子，孔子避而不见。他又送一个蒸熟的小猪给孔子，孔子只好趁阳虎不在家的时候前往拜谢，结果还是在半路碰上了。阳虎说："怀抱才能，却听任国家混乱下去，能称为仁吗？"孔子说："不可以。""想做事又屡失时机，这是智吗？"孔子说："当然不是。"阳虎说："时光一天天流逝，岁月是不等人的。"孔子默然，说："是的，我会考虑从政的事。"

孔子不愿意为阳虎效劳，他只是采取拖延的办法。不久，阳虎的阴谋完全暴露，季桓子几乎被杀，失败后阳虎逃住齐国。

阳虎作乱对于季氏集团是一个重大挫折，鲁君趁机恢复了部分权力。公元前501年，即鲁定公九年，五十一岁的孔子被任命为中都宰，这位新县长一上任就显示了他的政务能力，工作不到一年，"四方皆则之"，周边地区都来中都学习经验。接着孔子由中都宰升为司空（建设部长），又由司空迁为司寇（司法部长）。一年之间升迁如此，可见鲁君对孔子器重。

孔子从政有两件事情可记：一是在公元前500年，出席齐鲁"夹谷之会"。孔子摄相事，义正词严，使齐国折服。签订条约时，鲁国答应齐国，齐师出境，鲁以甲车三百乘从行；齐国答应鲁国，归还原来属于鲁国的汶阳等地。鲁以弱国取得了外交上的胜利。此次会盟提高了孔子的威望，此后孔子"与闻国政"，政治生涯达到顶点。

孔子做的另一件大事是"堕三都"。三都是"三桓"的采邑，一向倚仗高大的城墙，对抗中央。孔子认为，只有谋弱三家，才能使政权重归公室。这项计划的可行性是三家也害怕家臣们据以叛己，阳虎的教训记忆犹新。于是，叔孙氏首先拆除了他们在郈的城墙。季孙氏拆费时，遭到费人抵制，但最终还是把城墙拆了。准备拆孟孙氏与齐国接壤的成时，孟氏家臣对孟氏说："拆成，齐人必至于北门。而且成，是孟氏的保障，没有成也就没有孟氏，不能拆。"拆迁队无法动手，只好回去。季孙氏和叔孙氏听说后也后悔起来，又把拆除的城墙重新垒上。孔子这项与虎谋皮的工作遂不了了之。

"堕三都"使孔子与"三桓"的矛盾加深，鲁定公被迫向"三桓"妥协，对孔子的态度发生了改变。子路说："老师可以走了！"孔子不死心，仍然说："再等等。现在正行祭祀天地的大礼，按惯例应当分一块祭肉给我。如果是那样，还可以留下来。"结果没有，孔子只得递一份辞呈，闷闷不乐地离开都城。

四、出走列国

孔子之出走列国，实属无奈，也没有什么思想准备。但继续留在鲁国，显然不是最好的选择。赞成并且愿意跟随孔子出走的学生倒是有一大群，他们就像准备旅游一样，等待着孔子的决定。考虑的结果是去卫国。卫国与鲁国比邻，国家安定，季札曾说："卫多君子，其国无故"，孔子对这个小国是怀有好感的。当时各国之间可以自由通行，出境手续、绿卡都不需要。

孔子一行进入卫国，冉有驾车。到了卫国的国都帝丘，孔子的心情已经好起来，情不自禁地说："人真多啊！"冉有问："人多了以后怎么办？"孔子说："让他们富起来。"冉有又问："已经富裕了，还要怎么办？"孔子说："教育他们。"

他们住在子路的妻兄颜浊邹家，等待卫君接见，一边无聊地打发着时间，渐渐着急起来。

有一天孔子正在敲磬，有位挑着草筐的人从孔子门口经过，说"听敲磬的声音，是有心事啊！"过了一会又说："磬声硁硁，太直露了吧！没有人理解，也就算了！"

这时晋国的佛肸来请孔子，孔子想去。佛肸是中牟邑宰，正在闹独立。子路说："我曾听老师说过：'君子不入不善之地。'佛肸在中牟造反，您却要去，这怎么说呢？"孔子说："我是说过这样的话。但不是说坚硬的东西，磨也磨不薄吗？不是说洁白的东西，染也染不黑吗？我难道是条匏瓜吗？只能挂在那里而不能吃？"

孔子想去晋国，打算谒见赵简子。经过匡时，遭到匡人拘禁，情况危险。孔子说："文王既死，文化不就在我这儿吗？如果天要毁灭它，后人就不会再有；如果天想保存它，匡人能把我怎么样？"弟子公良孺带着五辆车跟随孔子，他带头和匡人打起来，才算放行。到了晋国边上，又听说赵简子杀害贤良的事，孔子临河而叹，说："浩荡的流水呀，多么壮美！我不能过河，也许是命运！"于是又返回卫国，住在蘧伯玉家。蘧是季札称赞的贤大夫之一，已经很老了。

卫灵公终于接见了孔子。灵公问孔子在鲁有多少俸禄，孔子说"粟六万"，卫国也给孔子六万斗粟。

灵公夫人南子听说孔子来了，传话给孔子说："四方君子如果不嫌辱没名声，愿意与我卫君做兄弟的，一定要见我，我愿意接见。"孔子拜见南子，南子隔帘还礼，环珮之声清脆悦耳。

子路对孔子见南子一事很不高兴，孔子急了，发誓说："我如果有什么不对的地方，老天会惩罚我！老天会惩罚我！"孔子在卫国可能得到了南子的帮助。

南子是春秋以来第一位有才能把持朝政而又貌美的女人。卫灵公做卫国的国君四十多年，孔子称其为无道，而对说话算数的南子，并无批评。卫国君子无论是当权的孔文子，还是致仕的蘧伯玉，也都不但不反对南子，而且一致拒绝南子的仇人太子蒯聩回国。灵公死后，南子立蒯聩的儿子辄为卫君。卫君年少，南子继续把持朝政。君臣相与实现了平稳换代，这是南子的功劳。此后南子从史书中消失，而卫国从此进入动乱时期，依附晋国赵氏，如小侯。

卫灵公向孔子请教军事，孔子说："礼仪的事情，我知道一点；军队的事情，我没有学过。"再见卫灵公的时候，灵公只是看天上的飞雁，而对孔子心不在焉，孔子怏怏告辞，出门说："假如有人用我，一年也就差不多了，三年能取得成效。"

孔子想去陈国，经过宋国地界，在一棵大树下停下来休息，并指导学生演习礼仪。宋司马桓魋闻讯，带着人马气势汹汹地赶来，砍倒大树，威胁孔子，孔子和弟子们一哄而散。

孔子刚进入宋国时，听说桓魋给自己打造石棺材，三年还没有完工，工匠们都累病了，批评说："如此奢侈，只怕人还没有死就已经腐朽了。"桓魋因此怀恨在心。

孔子与弟子走失，独自站在城郭东门，心神不定。过了很长时间，学生们才找过来，子贡把打听孔子的经过说了一遍，孔子笑着说："我的样子，不一定像他们说的那样，但说我像丧家之狗，对极了！对极了！"

到了陈国，住在大夫司城贞子家。陈湣公礼遇孔子，孔子遂仕陈。陈蕞尔小国，屡年遭兵。公元前489年，吴师伐陈，楚昭王率兵来救，驻军城父，陈国进入战争状态，陷于混乱恐慌之中。孔子在陈三年，被迫离去。

此时楚国大夫叶公诸梁治负函（蔡邑，蔡是楚的属国），孔子决定先就近到负函。一路上找不到吃的，弟子们都饿坏了，只有孔子还"弦歌不绝"。子路不高兴地问孔子："君子也有毫无办法的时候吗？"孔子说："君子在没有办法的时候，仍然坚持；小人在没有办法的时候就胡作非为。"终于到了负函。

叶公向孔子请教政治，孔子说："近者悦，远者来。"不久，吴、楚各自退兵。孔子本来想去楚国，但这时楚昭王已经死了，孔子考虑的结果还是取道陈国，重返卫国。

江淮之间多异人。孔子在路上也碰到一些稀奇古怪的人。一次子路下车向两个耕田的农民打听渡口，一人问："那个驾车的人是谁？"子路说："是孔丘。""是鲁国的孔丘吗？""是的。""他应当知道渡口在哪里。"另一人问："那么您是谁？""我是仲由。""是孔丘的学生？""是的。"那人望着河说："天下的流水都是一样，你能改变它的方向吗？与其避人，何如避世？"子路把这些话向孔子说了，孔子怅然道："我怎能逃避现实，隐居山林与鸟兽同群？如果天下太平，我还会要求改变吗？"

孔子第三次来到卫国，继续受到热情接待。这时南子应当还在。而太子蒯聩正在到处叩头求人，一心要把儿子赶下台自己做卫君。孔子对父子相争很看不惯，继续留下来也没有什么意思，思归之心与日俱增。在鲁国，执政的季恒子死了，季康子代立，召冉求。孔子说："鲁召冉求，不会小用他的，将有大用。"子贡为冉求送行，分别时对冉求说："先生在陈时就很想回国了，你到任后一定尽快实现先生的愿望。"鲁哀公十一年，季康子召孔子，孔子返鲁。时孔子六十八岁。从公元前497年到公元前484年，孔子出走列国凡十四年。

五、最后的五年

孔子返鲁后，受到很高礼遇，季康子甚至奉孔子为"国老"，遇到大事都先征求孔子的意见。这是因为一，孔子德高望重，又是"海归派"，尊敬孔子可以获得好名声；二，孔子之"弟子帮"已经陆续进入政界，成为国家的栋梁之材，前途远大。而孔子经过十几年的颠沛流离，虽然还保持着对政治的热情，但对于做官已不感兴趣。孔子晚年主要做的事情除了教书外，便是对中国古代文化作了彻底的清理，集中体现在对"六经"的整理上。《庄子·天运篇》记有孔子见到老子后自我介绍的话："丘治《诗》、《书》、《礼》、《乐》、《易》、《春秋》六经，自以为久矣。"说明起码在《庄子》成书时，"六经"已有定本，而且庄子也认为"六经"是孔子所治。直到皮锡瑞，还认为五经（不包括《乐》）都是孔子所作。大抵《诗》是孔子整理过的，当然今本《诗经》已经不是孔子的整理本，甚至也不是毛亨传本的原貌。大概诗随着周朝国运的衰落和传习的局限性（因为这时诗已经不时兴在重要场合闲雅引用，表达意思更直截了当了。这说明文化已冲出专制，不再神秘，也说明了礼的荒废。）到孔子时也就只剩下那么多了，不可能还有三千余篇。孔子花了很长时间把这些诗收集起来后，再按照区域、内容和音乐的不同重新编辑成书。所以孔子说："吾自卫反鲁，然后乐正，雅颂各得其所。"《书》也是孔子所编次。孔子有条件接触大量的历史文献，这些历史文献年代久远，部分内容有的学者甚至认为比商代晚期的甲骨文还要早，但这时也只剩下断简残编了，堆在档案馆里腐烂发霉。这些由孔子好不容易整理出来的古代文献，经过秦火，保存下来的就更少了，所以今本也不是原来的样子。鲁是礼的发源地，周公制礼后在各国推行最卖力的是鲁国。周公之礼文繁事复，既有制度方面的，也有礼仪方面的。孔子对后者加以删削修正，与《诗》（包括乐）、《书》一齐作为学生的课本。《诗》是文学（语言）教材，《书》是历史教材，《礼》是品德与社会实践。至于《易》与《春秋》，似乎跟孔子没有多大关系。《论语》中只有一处出现了《易》的爻辞，而《易》可能是当时地摊上的书。另有一处不能肯定指的就是《易》。孔子对卜筮不大相信，对鬼神也采取怀疑或存而不论的态度。《春秋》是鲁国现代史，孔子不是专职的史官，不会不在其位而任意笔削国家正史。《春秋》作为教材是孔子以后的事，孔门弟子在传述过程中加上了孔子的内容和孔子的看法（如对人物的褒贬），作为纪念，遂成为现在这个样子。然而《春秋》虽然不是孔子所作，却因为孔子的缘故而保存了下来。当时列国史记，是极其繁复的，可惜绝大部分都散失了。孔子说自己"述而不作，信而好古"，正是认识到这些宝贵文化遗产的价值，所以晚年对此项工作不遗余力，经手披阅增删的古籍遂定为一尊。这些后来都被称为经书，是中国文化的精髓。经，是丝线，贵重的书要装帧得好一些，所以把竹简、木札编缀成册时使用了丝线，一般书只用麻绳等连缀。

鲁国的当权者，每逢重大节日，总来看望孔子，顺便向这位博学的老人请教国是。鲁哀公问："怎样做才能让百姓服从？"孔子回答说："任用正直的人，远离邪恶的人，百姓就会服从；反之百姓便不服从。"孔子说："治理国家要依靠道德，依靠道德治理国家的人就像北极星，众星环绕它，怎会有人不服呢？"季康子担忧盗贼多，问孔子怎么办，孔子不客气地说："假如您没有贪心，就是鼓励偷盗，也没有人愿意。"停了一会，又缓和一下语气说："政字的意思是端正。您带头做得正，谁敢不正？"

季氏准备攻打颛臾，已经成为季氏重要家臣的冉求以及子路把这项计划对孔子说了，孔子立即说："冉求，这不是你的过错吗？颛臾既已向鲁国称臣，为什么还要讨伐它呢？"冉求说："这是主人的意思，我们也不愿意这么做。"孔子说："周任说过：'能够做的就做，如果不行就辞职。'遇到危险不去帮助，将要倾倒了不去搀扶，还要你们助手干什么？"冉求说："颛臾城墙坚固，靠近费地。今天不占领它，必然会给子孙留下祸患。"孔子听了，生气地说："冉求！君子最讨厌不承认自己贪婪还要找借口的人。我听说诸侯或大夫，担心的不是贫穷，而是不平均；不是人少而是不安定。如今你们两人辅助季氏，远方的人不归服，却不能招致；国家破碎，又不能保全，反而要在国内大动干戈，我担心季氏的忧患，不在颛臾，而在自己家门之内呢！"

季氏的富有，超过周公。冉求做了季氏的家臣后，仍然继续为季氏聚敛财富。孔子说："这不是我的学生！你们敲起鼓来去攻击他好了。"

孔子在六十九岁的时候，他唯一的儿子孔鲤死了。又两年，颜回去世。这次孔子比死了儿子还要悲痛，哭喊着说："噫！老天要我的命呀，老天要我的命呀！"跟随孔子的人劝孔子："您太伤心了！"孔子说："真的太伤心了吗？我不为这样的人伤心，还为什么人伤心呢？"次年，子路在卫国遇难，孔子说："这下我还怎么活啊！"向来人打听详细情况，来人说："已成肉酱了！"孔子即令把家里的酱菜都倒掉，说："我怎么能忍心再吃这种东西呢？"子路是孔子最亲近的学生，他们的年龄相差不大，关系非同一般，当然他挨的批评也最多。孔子曾说："如果主张行不通，就坐着木排到海上去，跟随我的大概是子路吧！"子路听说后很得意。孔子又说："子路的好勇超过我，其他就没有什么可取的了。"颜回是孔子最喜欢的学生，受到的表扬也最多。在孔子心意中，颜回是其学说的理想继承人。颜回去世后，孔子一下变得衰老起来，行动也迟缓了，高大的身躯也弯下来了，他说："甚矣吾衰也！久矣吾不复梦见周公！"有一天孔子起得很早，背着手，拖着手杖，在门口平静地唱到："泰山其颓乎，梁木其坏乎，哲人其萎乎!"这是孔子最后的歌声,七天后孔子病逝。

六、余论

孔子留给后人的财富是享用不完的,阅读《论语》,首先给人留下深刻印象的是孔子的好学精神。孔子渊博的学问,得自于他的勤奋。孔子说:"我不是生来就有知识的,而是热爱古代文化,努力探求得来的。"孔子起于寒门,并无固定的老师,他说:"三人同行,其中必然有人值得我学习。选择他的优点跟着学习,看到短处便审视并改正自己。"孔子说:"有那种无知而凭空造作的人,我没有这个缺点。多听,选择好的实行;多看,记在心里。"孔子经常跟人谈到自己的学习,表现出一种自豪感,他说:"有十户人家的小地方,必然有像我一样忠信的人,未必有像我一样好学的人。"终其一生,孔子都是这样"学而不厌"。叶公曾经问子路孔子是一个什么样的人,子路不知从何说起,孔子听说后告诉子路:"你为什么不说他这个人,发愤忘食,乐以忘忧,不知道自己快要老了呢?"

孔子是一位伟大的教育家,他的教育思想直到今天还保持着先进性。孔子巨大的人格魅力,只要一打开《论语》就能感受得到,那些朴素的教育语言让人明白什么是循循善诱,什么是谆谆教诲。如今这些语言都成为了经典,滋润着一代又一代的人。孔子重视人的生命,强调人的尊严,关注人格的培育,所以孔门治学,总是把做人摆在第一位,把求知放在第二位,《论语》中这类教导是随处可见的。孔子告诫他的学生,要做"君子儒",不做"小人儒",就是说要能担当社会道义,不能只会为己谋食。除了做人,孔门教育还注重培养学生的实际能力,孔子说:"熟读诗三百篇,让他做官,却不会处理事情;出使四方,又不会谈判应对,虽然读得多,能有什么用?"孔子主张学思结合,这是孔子教育学生的一个重要方法。孔子说:"只读书而不思考,就会有困惑;只空想而不读书,就会出问题。"孔子强调"举一反三"、"温故知新"都是学思结合才能做得到的。孔子实施的"因材施教"，是当前我国教育还没有解决好的一个重要问题。《论语》中记录了一个有趣的例子：子路问："听到后就实行吗？"孔子说："有父兄在，怎能不问一下就实行呢？"冉有问："听到后就实行吗？"孔子说："是的。"在一旁的公西华听了，大为不解，问孔子，孔子说："冉求做事畏缩，所以鼓励他大胆些；子路性格莽撞，所以要使他谨慎些。"孔门"四科"中的杰出弟子，都是孔子个性化教育成功的受益者。孔子晚年培养的著名学生有曾参、有若、言偃、卜商等，都与早期学生表现出不同的特点。晚年的孔子仍然"诲人不倦"，这些学生，有的已经跟随他几十年了，博士学位早就该拿到手了，但是他们依旧跟随着孔子。可能正如颜回所说："老师的形象，越看越觉得高大；老师的学问，越钻研越觉得艰深。老师循循善诱，用文化典籍丰富我的知识，用礼节规范我的行为，使我想停止学习都不可能。"

孔子总结自己的一生时说："我十五岁开始发愤学习，三十岁立业，四十岁对人事有了正确的认识，五十岁懂得了事物各有客观规律，六十岁能容受各种批评，七十岁心里想做什么就做什么，都有一定的把握。"不愧是一代哲人，可谓知己。孔子又是一个平凡的人，虽然经历曲折，但身处社会巨变之际的人，哪一个不是如此？同世界其他古代伟人相比，孔子没有任何传奇和神秘色彩，他做的工作都是普通人能做的工作，《论语》中记录的孔子的谈话，也似乎和我们平常人没有什么两样，但却同样起到了影响人心，关乎世风，改造社会的作用。孔子的伟大是平凡中的伟大，换句话说，孔子是一位平凡的伟人。他真实而不虚饰，坚韧而不固执，人情练达而不世故，疾恶如仇而又能包容。他的圆满的人格成为后人修养的楷模。

孔子学说的核心思想是"仁"，"仁"是孔子创设的最高道德标准。"仁"的意思是爱人，所以"仁"字是由"人"和"二"两个字组成的，表示两个人和谐相处。其外在表现为"礼"。"礼"是人文的，包括"乐"在内，是指人的一切行为准则。儒家重孝悌，是因为孝悌是通过"礼"实现"仁"的基础；儒家更重视"礼"，是因为"礼"如果不是就本质而言而仅仅只是作为形成的具文，那么"仁"就无法实现。所以孔子说："礼呀礼呀，指的就是玉帛吗？乐呀乐呀，指的就是乐器吗？"又说："不学礼，无以立。""仁"是说做什么样的人，"礼"是说怎样做人。

孔子告诉我们，"仁"并不是什么高不可攀的东西，"理智地对待自己以符合礼，就是仁。践行仁靠的是自己，不能靠别人。"又说："仁很远吗？我想做到仁，就做到了。"可见，美好的品质是仁，善良的行为是仁，仁是容易做到的，难的是长久地保持它。仁也有一个渐进的问题，"己所不欲，勿施于人"容易做到，"己欲立而立人，己欲达而达人"就不那么容易了。

把"仁"的思想注入政治是孔子的政治理想。"必也正名乎"是建立秩序，"为政以德"是治国手段，"天下有道"是最终目标。孔子反对暴政，他尖锐批评残暴政治的"苛政猛于虎"，是一针见血的警世名言。孔子及另一位儒家的代表人物孟子为推行自己的政治主张而持有的这种批判精神，也是墨、道、名、法等所谓百家都无法相比的。

太史公说："《诗经》有这样的话：'巍巍的高山让人瞻仰，宽广的大路让人遵循。'虽然我达不到这种境界，但是内心无限向往。我读有关孔子的书，想象他的为人。来到鲁国，参观在孔庙中陈列的礼器，目睹学生们按时在这里演习礼仪的情景，我徘徊流连不忍离去。自古天下君王直到贤人，实在太多了，当时荣耀，死后无闻。孔子一介平民，经过十余世，学者至今尊为宗师。自天子王侯，中国谈'六艺'者，都以先生为标准，先生可以说是至高无上的圣人了。"孔子的历史地位，我没有资格评说，记得夏曾佑先生说过，中国历史，差不多就是孔子的历史。钱穆先生说得更明白一些：孔子以前，中国历史文化已有两千年以上之积累，而孔子总其成。孔子以后，中国历史文化又复有两千年以上之演进，而孔子开其端。可谓允当。孔子去世后，弟子们继承他的学说，并且不断发扬光大，使以孔子为代表的儒学成为显学。汉代独尊儒术，从此儒家思想一直是中国思想的主流。直到今天，儒学不仅是中国传统文化的总的代表，而且是全人类文明中最光辉、最宝贵的精神财富。孔子作为中国文化的象征，也受到越来越多的国家的推崇。孔子活着的时候，其足迹不超出今天山东、河南两省，而现在，仅以孔子的名字命名的孔子学院，就已遍布38个国家和地区。世界上有那么多的外国人对孔子充满想象，被孔子深深吸引，这是孔子生前无论如何都想不到的。

2006年7月7日，时孔子学院大会在京闭幕

附记：

研究孔子最可信的资料是《论语》，《论语》实际上是一本孔子的传记，当然它还只是一些零碎的、杂乱无章的材料而已。这些看似琐碎、平淡无奇的材料，其中却蕴含着深刻的思想和丰富的营养，沾溉中国文化至今。具有这类材料的古籍在汉代以前还有二十多种，相当一部分都不可靠。第一本完整的孔子传记是司马迁的《史记·孔子世家》，本文就是把这两本书作为主要的参考依据。其次是《左传》和《礼记》。今人的研究成果，主要参考了钱穆、杨伯峻、李长之、李泽厚等人的著作或文章，要之皆"述而不作"。只有少数内容是我个人的看法，而本文的错误可能即出于此。为适合中学生阅读，本文力求简明，故于剪裁取舍之间抑或有误，这是需要加以说明的。

2006年7月12日 又记

第二辑　书前书后

久园题记

《西谛书话》(上)

一年夏天，我在乡村一所中学尘封的旧书架上，意外发现一册《劫中得书记》和一册《卷庵书跋》，四十年了，它们好像还没有人动过。

以后越来越喜爱此类书，处处留心购买，并延及这些作者的其他著作。所得西谛作品最多，尤以《郑振铎全集》为巨帙也。

《西谛书话》(下)

此书系我以高价从济南邮购。寻觅多年，一朝得之。友人听说后微笑不语，返身取家藏精装书一册赠予。视之，《西谛书话》也。乃知此书近在咫尺，且有精装本。

《楚辞选》

高亨选注。管老师送给述林的书。书已残破。管老师是高亨的学生，对我讲过不少高先生的轶事。如讲先生把帽子戴在额头上，学生以为是为了遮掩他脸上的几粒麻子，但这只是高先生的习惯。他曾以指指脸对学生说："这是蠹鱼蛀的。"自负饱学，令学生肃然起敬。高亨耿直，一次与某人发生争执，言语之间，充满蔑视。连那人姓高也非常不满，在课堂上对学生说："他姓什么高？我姓高是高尚的高，他姓高是王八羔子的羔（高）。"

《董桥文录》

四川龚明德寄赠。毛边本。衬页有朱红印文："龚明德精校毛边本共200部此部编号018"。明德系此书责编，与我有过较长时间的通信，曾赠我《开卷》杂志1—6期。此外送我的毛边书还有《凌叔华文存》、《余时书话》等，都是他亲自编辑的、读者喜欢自己也很满意的书。他还送给我一把自制的竹刀，专裁毛边书，只是我舍不得裁，也舍不得用，而是买了这些书的普通装来看。今年读书节，我在泚水书院的四库全书馆搞了一个小型的版本展，其中有明德送我的这本书，使同学们大开眼界。明德先生如果知道此事，也会很高兴吧。

《煎药小品》

苏州王稼句，是有名的爱书人，写书，也编书。我和他并不认识，但联系较多，都是我向他讨书，他也不厌其烦，慢慢熟悉起来，几乎把他自己写的书都送给了我一本。除了这本书，还有《补读集》、《枕书集》、《笔浆集》、《砚尘集》、《谈书小笺》、《栎下居书话》等，无不典雅可珍，连同他的字，他的人，都带着浓浓的书卷气。因为这些书，过年时我给稼句先生寄去一首诗，表达我对他的感谢之情："补读每思念，吴门栎下居。枕书好入梦，煎药火徐徐。"这首诗也是我对昔日读书生活的一种怀念。

《钟叔河散文》

编辑家钟叔河，退休后写散文，我看了都保存起来，今天又给这本书装上书衣。书里有一篇千字短文《友人的诗》，诗与文反映的都是上世纪六十年代少有的恶劣环境："今夜谁家月最明，城南城北满秋声。长街灯尽归何处，萧瑟人间两步兵。"不知为什么，看到它就想起流沙河的《锯齿啮痕录》。两人有不少相同之处，和流沙河一样，钟叔河也收藏着一只木工刨子（放在书柜里）。——萧乾在劫后称翻译是他的一根救命的稻草，那是被认为他还有利用的价值。而绝大多数知识分子却没有这么幸运，于是他们除了书，便多了一件木工刨子之类相依为命的东西。木工刨子与一代文人的命运联系在一起，使人叹息。

《陈寅恪魏晋南北朝史讲演录》

万绳楠整理。万是陈寅恪即将离开清华园时的关门弟子，生前是安徽师范大学历史系教师。"文革"爆发后，万绳楠作为"资产阶级反动学术权威"被揪出来，关在安师大的一间地下室里，不到一个月，须发尽白。后来，他全家下放到我县李集公社。县革委会"废物利用"，抽调他进入"创作组"编写"革命样板戏"。据李集的百姓和创作组的成员回忆说，万绳楠对这次下放，有"重获新生"的喜悦，虽然他在西淝河这个"世外桃源"，仍然声称自己是"无罪流放者"。万绳楠和创作组在利辛写了一个豫剧《柳河新歌》，是歌颂当时学大寨的典型人物、县委书记兼柳西大队书记孙邦昌的，不知这个剧本现在还有没有？

《明代书目题跋丛刊》

忆昔在北京图书大厦，见书目文献版《明代书目题跋丛刊》一巨册，怦然心动，急索一直未能看到的毛晋《隐湖题跋》、都穆《南濠居士文跋》，赫然都在。乃极力令心情平复，读而购之。这是那次去京的一大乐事。

徐惟起跋《孟东野诗集》云："余少喜诵东野诗，每以未睹全集为恨。万历庚寅夏日，偶与谢在杭访王孔振所居，孔振案头有此集，翻阅良久，孔振心知余爱诵，遂以见赠。余袖归珍若宝玉，两携入吴越，妄意批点。兹孔振谢世五载，每一批览，不胜山河之感。"徐氏的《红雨楼题跋》也收在这部丛刊中，余爱之亦如缪荃孙，"时时检阅，奉为导师"，而以与君子"同此心""同此理"为幸事也。

《国学概论》（钱穆）

久园曰：书非旧不能读也。余二十年前买此书，藏在石室，未曾一观，今年市教育局举办国学经典培训班，让我上课，备课时参考此书，乃捡出细读，越日而竟。观首一章"孔子与六经"，如晤康长素，知有为巨笔，对那一代人的影响，有多么大。

此类书现在有很多，但做资料的功夫都不如钱穆。这是老一辈人治学重根柢，忌束书而游谈的缘故。

《畏庐文集》

余读桐城派晚期马、姚诸公文，始知读林纾。既读则不能释卷，叹息余之鄙陋，竟不知有畏庐也。乃尽力搜求各种林集，不计其费。所得连同林译小说在内，亦不过十数种，意常牵挂，至梦闻闽省为出全集者。

林纾是我国古典散文的最后代表，其追抚往昔之作，缠绵悲切，令人不忍卒读。这是他发奋学习《史》、《汉》、韩、欧、震川的路子比较好。林亦名重一时，自言："生平自信，唯文而已。"钱基博也说："当清之际，士大夫言文章者，必以纾为师法。"那时，新文学的浪潮正海立而来，不数年，无人知有林纾矣。即使在今天，通行的中国文学史对林纾的古文，仍略而不论，如余之未识林氏时也。

林纾在论"古文白话之消长"时说："吾辈已老，不能为正是非，悠悠百年，自有能辨之者。"白话古文，并世而存，白话也会发展变化，古文也不会就此消失，能辨林文之美者，岂独我哉！

《春秋胡氏传》

宋胡安国撰。《四库全书总目》说："顾其书作于南渡之后，故感激时事，往往借《春秋》以寓意，不必一一悉合于经旨。"可见胡安国著书的良苦用心，是为了恢复中原，志在匡时。自古注解经书的书，汗牛充栋，绝大部分都陈陈相因，味同嚼蜡，其人则如荀子所谓末世穷年，陋儒而已。像胡安国这样怀救世之心，以治学报国的，还是凤毛麟角。如论"僖公十九年""梁亡"一事，胡氏认为梁是自取灭亡，"梁本侯国，鱼烂而亡"。这是为什么呢？"凡有国家者，土地虽广，人民虽众，兵甲虽多，城郭虽固，而不能自强于政治，则日危月削，如火销膏，以至灭亡而莫觉也，而况好土功，轻民力，湎于酒，淫于色，心昏而出恶政者乎？其亡可立而待矣。"又如"哀公八年""吴伐我"：吴国讨伐鲁国，兵加国都而盟于城下。胡氏认为鲁国没有错，但却没有任何抵抗就签订了屈辱的和约，是弃国的行为："夫弃国者，其能国乎？使有华元、国佐之臣，则不至此矣。"胡氏撰写此书时，宋金双方交战正炽，宋朝内部战和两派矛盾日深，胡氏的用意，是希望在战和之间犹豫不决的宋高宗坚定抗战的决心。

胡安国在给宋高宗赵构的"进表"中说："臣伏观春秋二百四十二年，其行事备矣。仲尼因事属辞，深切著明，非五经比也。""因事属词，深切著明"也可以概括胡氏的《春秋传》，胡氏传可谓得《春秋》之旨。

《朝花》缘起

热爱文学的同学们在学校团委的支持下，去年成立了"二月花"文学社，可惜这个文学社不久就夭折了。主要是因为缺少活动和办刊的费用，也因为学校人事的变动。我来之后，孟春、晓明等人又提出文学社的事，我当然乐观其成。只是有人嫌"二月花"的名字不好，他们让我再起个名字，我无法推辞，只好略改一下，就叫"朝花"吧。

我们这一代人，几乎都喜欢鲁迅的作品。鲁迅的文章，我觉得写得最好的是他的散文，《朝花夕拾》可以说是现代文学中最美的文字之一。鲁迅是善于给他的文集命名的，这一本小书正是名副其实。你想在春天，原野的花开了，迎着晨风，带着朝露，有多么娇嫩和鲜艳！待到花季过了，就会变成一个个果实。我们的同学及其作品，不就是这些可爱的"朝花"吗？

由此我想起，我在编《文州学报》的时候，看过许多学生的作文，有的诗文写得相当好。离开《文州学报》时，还曾把发在副刊上的作品选编成一本书，名为《成长梦里，花开花落》，我相信他们之中将来一定会有人成为作家。现在，《朝花》又要创刊了，我想同学们的文章应当更好。你们长大后不一定非要成为作家，但是《朝花》会给你们留下难忘印象。这是一种美好的回忆，她会深刻印在你的心灵上，给你的人生提供涵养。希望同学们多读书，多练笔——要知道这真的是一种很有趣的生活。有人说它是生命的动力，有人说它能成就未来，改变命运，都言之有理。因为喜欢读书或写作的人也喜欢思考，进而怀抱理想，奋发进取，最终会成为一个对国家对社会有用的人。我和《朝花》都期待着你们。

为什么是星空

——《星空》发刊词

康德说："有两件事我越思考越觉得神奇，心中也越充满敬畏：一是我们头顶上的星空，一是人们心中的道德准则。"

因为这句话，我们把"现代诗社"的诗歌报，取名为《星空》。

星空，这个创造生命、激发灵感、充满想象力的世界，几乎是我在童年时听到的最浪漫故事的唯一源泉。"天上多少星，地上多少人。"它们或大或小，或明或暗，让我们懂得了人类的多样性。没有人怀疑星空之美，这一普遍价值，让我们追求共同的人性。我相信这都是诗不能缺少的，也是教育的使命。

我还相信，在这样的文化教育环境影响下的年轻人，一定喜欢诗，因为诗不仅是非常个人化的东西，也是培养真善美爱的有利因素。我相信通过诗或即教育这样的心灵的洗涤，一定可以使人持续不断地丰富和完善自己。

《儿时的游戏》序

利辛高级中学艺体部组织编写的校本教材《儿时的游戏》，我看了一遍，很喜欢，也很感动，好像又回到艰苦而又快乐的童年。

> 丢，丢，丢手绢，
> 轻轻地丢在小朋友的后面。
> 大家不要告诉他，
> 快点快点抓住他，
> 快点快点抓住他……

我们就是在这样的歌谣和游戏中长大，忘了身上冷，忘了肚子饿；调皮的孩子，眨眼间也忘了大人或老师的责罚。

这些游戏，成为当时儿童生活的主要内容。其意义，教育家认为，与活动、工作、服务对于成人的意义相同。儿童在游戏中是怎样的，当他长大后在工作中很大程度上也将是这样的。遗憾的是，现在的孩子很难享受到游戏给儿童带来的那种创造的、胜利的或者审美的快乐。他们更多的是坐在游戏机或电脑旁一个人玩。偶尔才能在街头巷尾看见放学的孩子们玩跳马的游戏。

当年在乡下的小学校，我们没有足球、篮球、乒乓球，也没有单杠、双杠、鞍马——几乎所有的体育器材都没有，只有一根跳高的竹竿和一条拔河的绳子。但是因为有游戏，体育仍然成为孩子们最喜欢的课程。

2007年夏，我从一中到二中任职，四千多人的完中也是没有操场。除了体育班要到校外训练外，其他班上课时，教师只能根据自己的经验，在有限的空间，教学生做各种游戏，结果开发了一些有价值的课程。有些活动，就收在这本教材里。

现在，利辛高级中学拥有一流的体育设施，我仍然对体育组的老师讲，把学生从沉重的课业负担中解放出来，让学生健康快乐成长，体育是关键。要想办法保护那些濒临消失的民间体育文化，挖掘我们的课程资源，丰富同学们的课外活动。通过这些活动或游戏，培养同学们乐观开朗的性格，积极向上的心态，团结协作的精神，坚忍顽强的意志。这是符合课程改革的精神的。

本书编写很有特色。除了按照教材编写的有关要求外，编者还特意撰写了一条条"怀旧心语"，可以说，这是带着一种强烈的、深厚感情编著的一本书。遵照编者的要求，我为这本可爱的小书写了上面的话，很难称作序，就算增加一篇"怀旧心语"吧。

《利辛人学说普通话》序

《利辛人学说普通话》是第一部全面考察利辛方言，辨析利辛方言与普通话之间的差异，帮助我县学生学说普通话的好教材。与通识培训教材不同，它有很强的针对性，在语音和词汇方面体现了本书独有的学术价值，对阜宿方言区的学生学习普通话也有一定的参考作用。同时，由于作者的辛勤劳动，还给选修此类课程的同学进一步探究利辛方言，提供了难能可贵的材料和线索。

利辛地处徐淮之间，是沟通南北文化的重要地带。在语音方面，它既不像北边的豫方言那么"硬"，也不像南边的吴方言那么"软"，而是接近普通话，与普通话有很强的对应规律。但这并不等于利辛人学说普通话就很容易，利辛方言中的错读现象有的特别严重，其中展沟、张村两个方言点尤其突出，本书在这方面用力最多。在词汇方面，由于它具有异常丰富的土语俚词，使它表达起来妙趣横生，多姿多彩。我一直认为，从前在这里游走的穷说书人，真能代表当时这一门神秘的文化。还有一些用词原本是很雅的，是精英阶层说的，民间使用后便保留了下来，雅言中反而消失了，如利辛方言说"累了"为"乏"；有些是借用词，如把"开水"称为"茶"。利辛是不产茶的，老一辈人甚至没有见过茶。最近《亳州晚报》发表一篇文章，"考证"方言中"写酒"的"写"应该怎么写，什么意思。其实"写"字正是它的本义，郑玄注《礼记·曲礼》曰："写者，传已器中乃食之也。"像这样的例子还有很多。在老派方言中，这些词都是自成体系的，现在已经变得很模糊了。

自改革开放以来，随着城市化进程的加快，语言的兴衰过程已不再缓慢，方言已经带有残余的性质，与中国农村传统的公共生活和文化生活一起，正逐步消失。城市也一样，包括海外。2009年全球金融危机时，新加坡政府甚至为学习汉语的人提供补贴，学生们学的正是普通话，而不是老一辈华人所讲的闽南话。也许，普通话最终取代方言乃是历史的必然。在此背景之下，学好普通话，如同掌握一门外语一样，对学生更好赢得未来，其重要性自不待言；而在推广和使用普通话过程中，了解和尊重方言，维护语言的多样性，同样是文化的使命。这一点，同学们也是应当知道的。

我的整个基础教育，都是在乡下接受的，老师一半是民师，没有人要求他们使用普通话，但是多数人还是自觉地使用很不标准的普通话上课，和老师们极其敬业的态度一样，使人难忘。这其中就有我的父亲。他站在讲台上说了几十年"利普"（利辛普通话），退休后在严肃的场合发言仍然说普通话，虽然不标准，但我觉得那样的话还是很有感染力的，也许是作为一个教师的职业精神在起作用吧。现在，一本适合利辛人学习普通话的教材就放在同学们面前，希望同学们都能说好标准的，更流畅，更好听的祖国语言。

《高中国学读本》前言

中国是一个有着五千年文明史的礼仪之邦，在她源远流长的历史长河中，曾出现过许多光耀千古的文化巨人，为我们留下了极其宝贵的文化遗产。作为一个公民，特别是广大的青少年学生，弘扬中华民族优秀传统文化，接受中华民族人文知识与人文精神的教育，具有正直的道德和价值品质，对加强社会主义精神文明建设，构建和谐社会，培养四有新人，树立正确的世界观，人生观，价值观，都具有十分重要的意义。

世界各文明国家，都非常重视对本国经典的学习。《圣经》、《荷马史诗》、柏拉图、亚里士多德以及莎士比亚，对于一个西方人来说，没有不是耳熟能详的。同样，作为一个中国人，也应当熟悉《大学》、《中庸》、《论语》、《孟子》，懂得这些经典的意义，具有中国文化的常识，是一个人的人文修养的基本功。

中国自古以来，一向把《论语》等经典著作视为家传户诵之学，其中的"仁爱"思想，"己所不欲，勿施于人"，"己欲立而立人，己欲达而达人"，"老吾老以及人之老，幼吾幼以及人之幼"等格言，直到今天，都是中国人做人的根本。

为了加强对中学生国学基本知识和传统文化教育，全面实施素质教育，体现课程改革精神，2009年我们组织编写了《国学基本读本》一书，作为学生的"经典诵读"课本使用，受到中学生的欢迎。实践证明，以《国学基本读本》为主要内容的"经典诵读"，已经成为我校实验和开发应用较好的校本课程。

此次修订，除改正了一些明显的错误外，还根据老师和学生的建议，增加了《中庸》和《三字经》，并把书名改为《高中国学读本》，交由安徽师范大学出版社正式出版。亳州人应当熟读的《道德经》，因计划列入我校另一本校本教材《诸子文选》中，故不再重录。欢迎广大师生继续提出宝贵意见，使"经典诵读"成为一门学生喜爱的核心课程。

《利辛文学作品选》编后记

今年（编者注：2009年）是新中国成立60周年，也是人民政协60华诞。利辛县政协举办了一系列纪念活动，本书即是其中的一项成果。作为我县的第一部文学作品选集，编辑并出版这部书无疑是一件非常有意义的事情。利辛建县虽晚，但是生活和曾经生活在这块土地上的人们，对真善美的讴歌和追求，同其他地方一样，热烈而又绵长。古老的西淝河，孕育了三代以来的文明，几乎从那时开始，利辛文学就在这条美丽的母亲河两岸，悄然产生了。

本书编选的范围，主要在1965年建县之后，体裁包括小说、散文、诗歌和戏剧，基本上代表了利辛当代文学的水平。在散文卷中，利辛籍著名新闻工作者、范长江新闻奖获得者朱海燕的散文，感情充沛，大气磅礴，文思之敏捷，如江河奔流一泻千里。青年文化学者、文学评论家王晓渔，学养深厚，在博杂的涉猎之余，率性而作，往往流露出一个正直学者的人间情怀和忧患意识。在诗歌卷中，我们特意选了几首民歌，王人大跃进民歌因为是特定历史时期的产物，也选录几首，留给后人以诗证史。新编历史剧《一笑倾国》虽然不脱前人窠臼，但是仍然以比旧小说更生动的描写，深刻揭露了昏君奸臣的丑恶面目。

小说占了本书的重要篇幅。高歌红的《高粱科大学》当年收入安徽省初中课本时我就读过，虽然我们并不知道这位曾经下放利辛的上海知青现在的情况。王明月笔下的乡村和人物，在80后看来，已经相当的陌生和久远，但是却真实地铭刻在上一代和我们这一代人的记忆里。他们的语言很土，甚至有些脏，然而这就是老百姓的语言，——那些即将消失的鲜活的利辛农民的语言。他写的女人，虽然并不漂亮，但是我们却觉得那女人很美，而且也很苦，好像利辛艰难的历史。这使我想起苏侠英的《女人酒》里开头的话："在秋梅的记忆里，小的时候母亲常喝一种酒，母亲说那是女人酒。母亲说：'我不希望你喝这种酒，然而女人一定要学会喝这种酒。'"女人总是令人赞叹和同情的。孟子说："恻隐之心，仁也。"对于别人的不幸表示同情，这是仁的表现。宣扬仁的东西，鞭笞恶的东西，文学的意义大概就在于此。

本书的几位编辑，出于对文学的热爱和责任感，千方百计地搜集和整理散见在各种报刊、书籍上的利辛人以及与利辛有关的作品，联系作者，校订文字，不辞辛劳，功不可没。虽然如此，本书还是存在着许多缺憾：一是七十年代及其以前的作品收录较少。因为缺少资料，一些当时产生一定影响的作品没有找到，一部分作者无法联系上；二是反映新时期以来的作品不多，特别是反映近年来我县经济社会快速发展的作品不多；三是作者队伍"老"人多，新人少；等等。这些只能等以后再弥补。好在我们编辑本书的目的，不是要为利辛文学做全面的总结，而只是展示利辛文学的一部分阶段性成果。这些成果也许并不丰硕，甚至还很幼小，因此，我们希望通过本书的编辑出版，能够为繁荣利辛的文学艺术事业，做一些基础性的工作。通过文学宣传利辛，教育后人热爱家乡，建设家乡，也是我们的一个愿望。

省文联主席、省作家协会主席、著名作家、《清明》杂志主编季宇先生欣然为本书题词，本书顾问、县政协主席刘鸣、亳州市文联主席余树民等领导大力支持，许多同志给予热情鼓励，在此一并致谢！

《利辛文史》(第五辑)编后记

《利辛文史》第五辑因为编者工作的原因，推迟到今天终于和读者见面了，此距上一辑完成又过了两年多的时间。两年来，利辛经济社会快速发展，民生改善，城乡面貌发生了巨大变化，得到省市领导和利辛百姓的高度评价。时间将证明，由当代利辛人创造的"利辛现象"、"利辛精神"必然永载史册，光照后人。

与经济社会发展同步，利辛的文化事业也进入了空前的繁荣时期，近一阶段仅正式出版的文学艺术作品集就有二十多种。本书第一部分"序跋选刊"即收录了有代表性的文章十二篇。《〈阜阳农民画选集〉前言》作为有价值的艺术文献也收入其中。1958年，以我县王人乡农民为主创作的阜阳农民画，受到国务院的表彰，王人乡也因此被称为"书画之乡"。人民美术出版社于当年出版了他们的画集，如今这些画集已很难见到，我们特选出部分作品，供文史工作者及创作新农民画的朋友们研究、欣赏和学习。

本辑"人物春秋"栏目，介绍了我县著名书法家孙逸久先生和教育家徐恩波先生。他们身世坎坷，成就卓著，在各自的领域里为后人树立了永久的典范。记得我刚参加工作时，利辛教育界为徐恩波先生举办从教60周年庆祝活动，海内外学子一百多人归来为徐先生庆贺。木质黑底的匾额上书"一代师表"即为孙逸久先生题写。徐公身长背直，目光灼灼，有百折不挠之概，及今思之，犹且感怀。孙逸久先生是我县书法艺术史上的第一座高峰，本辑特选出他的几件作品，置之卷首。孙逸久艺术馆已在阚疃镇落成，徐恩波纪念馆也将在利辛高级中学成立，此两项工程虽小，而意义重大，故附记于此。

"戏曲乐舞"栏目收录了我县被列入省非物质文化遗产名录的表演艺术四种。这些珍贵的民间传统艺术，日渐式微，介绍它们的目的，是希望得到当地政府和有关部门的重视和保护。在一个巨变的时代，维护文化的多样性，跟发展同等重要。1990年，我在新张集乡参加抗洪抢险时，尚能听到村民们演唱《李天保吊孝》、《陈三两爬堂》这样的曲目，2007年那里又成为灾区，就只能从灾民的录音机里听《陈三两爬堂》了。七十年代以前，"说书的"遍布村庄麦场，《岳飞传》、《杨家将》、《封神榜》无不让青少年听了热血沸腾。那无疑是最好的爱国主义教育和道德情操的教育，今天的学生则几乎是靠死记硬背才能获得一些历史知识的教育。

　　本辑《利辛文史》还开辟了一个新的栏目：地方文史展沟卷，以后各乡镇专辑将陆续推出。

　　县政协主席刘鸣一向重视文史工作，对我们的专项视察和编辑文史资料大力支持。展沟镇党委政府为编好"展沟卷"组织人员分工合作，展沟中学退休老教师蒋家华抱病多次乘农公班车来县政协送稿校稿，令人感动。武恩义、李群、李哲等先生为我们提供了热情的帮助，在此谨致以深深的谢意！

《利辛文史》(第六辑)编后记

《利辛文史》第六辑为"侯宝璋专辑",着重向读者介绍我县籍著名的病理学家、医学教育家侯宝璋教授。

多年来,侯教授富有传奇的一生,一直在他的家乡阚疃镇和利辛文化界口碑相传。然而由于年代的渐行渐远,侯宝璋教授的许多感人事迹,特别是他爱国爱民的思想情怀,大部分都不为人知。有鉴于此,我们编辑出版了这本专辑,无论是发挥政协文史工作存史求真、资政育人的作用,还是助推"三个利辛"建设,其重要性都不言而喻。

侯宝璋,男,1893年4月17日出生于我县阚疃镇的一个中医世家。1920年毕业于齐鲁大学医学院并留校工作。1926年至1935年先后留学美国、德国和英国,回国后任齐鲁大学医学院病理学系教授、系主任。抗日战争爆发后,随学校迁入成都任华西齐鲁联合大学病理系教授及系主任,代理齐鲁医学院院长。1948年任香港大学医学院病理系主任教授,代理院长。1962年受周恩来总理邀请,回到北京,任北京中国医科大学副校长。"文化大革命"中受到冲击,于1967年3月12日在北京逝世,享年74岁。

侯宝璋教授是我国近代病理学的先驱者,又是具有强烈爱国情怀的知识分子。他年轻时投身"五四运动",抗战爆发后积极组织战地救护医疗队,奔赴喜峰口等战区支援军民抗日工作。在香港大学退休后谢绝国外的高薪厚职,毅然回到内地参加祖国建设。他的爱国思想和行动对几个子女的影响甚深。1949年后,侯家不少成员在政治运动中受到迫害,然而他们无怨无悔,不改初衷,竭尽全力为国家作出贡献。侯宝璋次子侯健存教授在内地和香港之间"三出三进"的曲折经历，是侯家爱国精神的最好写照。

　　侯宝璋教授博学多才，不仅在病理学上卓有成就，对中国传统文化也有深刻的认识。他在古典诗词、书画、文物鉴赏等方面都有很高的造诣，与老舍、齐白石、关山月、黎雄才、赵望云、董寿平、吴作人等著名作家和书画家结下深厚的情谊。他不仅自己热爱中国传统文化，还希望中华文化能够发扬光大、世代相传。回国后，他将自己珍藏的书画作品、珍稀文物一千三百多件、图书二千余册捐献给国家，文化部长沈雁冰两次向侯宝璋颁发褒奖状，故宫博物院曾于1964年专门举办"侯宝璋捐献陶瓷书画展"，以表彰侯宝璋教授的爱国情怀和他为文物回归所作出的重大贡献。

　　本期《利辛文史》"侯宝璋专辑"依据的资料，主要来源于刘智鹏博士和刘蜀永教授所著的《侯宝璋家族史》（增订版，香港和平图书有限公司2012年4月出版），以及两位教授编辑的《侯宝璋教授诞生一百二十周年纪念图集》。两书的使用均征得其主要作者刘智鹏博士及阚疃镇侯氏亲属的同意。本书附录部分选了侯宝璋教授撰写的部分中医史和病理学论文，读者可以从中进一步了解侯宝璋教授精深的医学造诣和深厚的文化修养。

读孙犁《书衣文录》记

一

　　孙犁对书的感情，是很难用文字来形容的。至少在作家当中，是少有的。孙犁不是藏书家，但他对书爱惜备至的程度，甚至超过有名的藏书家。因为藏书家都讲究版本，有所取舍，而孙犁无论是多么普通的书籍，都可能郑重收藏。他说："我对书有一种强烈的、长期积累的、职业性的爱好。一接触书，我把一切都会忘记，把它弄得整整齐齐，干干净净，我觉得是至上的愉快。"（《装书小记》）又说："余与书籍，相伴一生，即称为黄昏之恋，似亦无所不可也。"（题《涵芬楼秘笈》）他不仅给每一本书都包上书皮，而且还在书皮上写下简短的文字，成为一篇篇特殊的书话。这些由孙犁独创的书衣文字，是研究孙犁的珍贵资料。《书衣文录》中有一则《书箴》："淡泊晚年，无竞无争。抱残守阙，以安以宁。唯对于书，不能忘情。我之于书，爱护备至：污者净之，折者平之，阅前沐手，阅后安置。温公惜书，不过如斯。"可以说是一位爱书人的自画像。

　　古往今来，爱书家不知有多少。但像孙犁那样不厌其烦地给书包书皮，则未闻有第二人。在《宋司马光通鉴稿》的书衣上，他题到："余自七十年代起，裁纸包书近二十年，此中况味，不足为他人道。今日与帮忙人戏言：这些年，你亲眼所见，我包书之时间，实多于看书之时间。然至今日，尚有未及包装者。此书即其中之一，盖书太大，当时无适合之纸耳。"孙犁形容清代藏书家黄丕烈说：

"他对书有一种特殊的感情，好像接触的不是书，而是红颜少女。一见钟情，朝暮思之，百般抚爱，如醉如痴。偶一失去，心伤魂断，沉迷忘返，毕其一生。"黄丕烈是一个十足的书蠹，孙犁或许认为他有些为书所累，没有"高水平"，但谈起书事来，还是在古人中找到了知音。因此要说这番话是孙犁的夫子自道，也不过分。

孙犁平生，没有什么其他爱好。不用说声色犬马，就是打扑克、下象棋也不会。他粗食布衣，一如农民，生活简单，近于吝啬；但却爱书成癖，珍惜如掌上明珠。他对书倾注的是一种朋友间的莫逆之情，因为不论是流浪北平，衣食不继；还是十年动乱，身处非时，是书给了他很大的救助力量。孙犁爱书，"矢志不移，白头偕老"，就不足为奇了。

二

孙犁说："余向无日记。书衣文录，实彼数年间之日记断片，今一辑而再辑之，往事不堪回首，而频频回首者，人之常情。恩怨顺逆，两相忘之。非常人易于达到之境界也。堂皇易做，心潮难平。时至今日，世有君子，以老朽未死于非常之时，为幸事。读文录者，或可窥见余当时对生之恋慕，不绝如缕，几近于冰点，然已渐露生机矣。"（《书衣文录再跋》）孙犁称《书衣文录》是他的日记片断，是有道理的。在《鲁岩所学集》的书衣上，他是这样写的："今日检书，见书皮题字，多为一九七五年至一九七六年。盖此二年，心情烦乱，无日不以此为事也。其间一九七五年春，家庭多事，情感尤其波动，如无书籍为之消遣，不知将又如何度日也。"在《尔雅义疏》的书衣上，他还引白居易书信以自况："又或杜门隐几，块然自居，木形灰心，动逾旬月。当此之际，又不知居在何地，身是何人。"生逢乱世，忧思百结，能安身心的，只有书了。孙犁借书来排遣内心的积郁，漫无目的地记录着时事风雨、心情行迹等与书根本不沾边的文字，成为十年浩劫期间社会生活的真实记录。如写"文革"到来时，山雨欲来风满楼的形势："一九六六年夏秋之交，每个人都会感到：运动一开始，就带有林彪、'四人帮'那股封建法西斯的邪气。"（题《鲁迅全集》）写红卫兵抄家时的情景："一九六六年，南市氓童，成群结队，上屋顶，入地下，凡有铜铁可偷走卖钱者，大事掠劫。"（题《缶庐近墨第一集》）写青少年扔掉书本，成为到处惹是生非的小流氓，即所谓的"天津风貌"等。这些在特殊年代记录下来的特殊文字，可谓吉光片羽，十分珍贵。因为当时文禁森严，"严霜所加，百花凋零；网罗所向，群鸟声噤。"（题《"今日文化"》）写这样的文字，是很危险的。我们现在惊叹于张中晓、顾准在黑云压城时，仍然保持着独立的思考，不屈的精神。这种高贵的品质，在《书衣文录》中，以另一种面目表现出来。

《书衣文录》除了从侧面反映出一个时期政治、社会的风貌，大量个人"心情行迹"的记录，也使"文录"具有日记的性质。一九七五年，和孙犁同居一室的张姓离去之后，孙犁对已经去世的发妻，思念日增，睹物思人，每有不得不抒发者："此册系亡者伴我，于和平路古旧门市部购得。……我于她有惭德。呜呼！死别已五载，偶有梦中之会，无只字悼亡之言，情思两竭，亡者当谅我乎！"（题《陈老莲水浒叶子》）于《竹人录》书衣上题写的是："当年伴我者，云亡已数载。余幸存于九死，徘徊于晚途，一灯之下，对此残编，只觉身游大雾四塞之野，魂飞惊涛骇浪之中。"反映了孙犁当时的心境。作家沉湎于这种情绪之中，后来写了大量的怀人忆旧之作。

三

孙犁晚年，文思涌动，从《晚华集》到《曲终集》，一口气写了

"十本小书"。这十本书，艺术上更加炉火纯青，显示了作家深厚的功力和高洁的品格，奠定了他作为文学大家的地位。

诗圣杜甫，很推崇庾信，说"庾信平生最萧瑟，暮年诗赋动江关。"孙犁文章到了晚期，也同样流露出一种暮色苍茫的悲慨，如题《宋贤遗翰》："故园消失，朋友凋零。还乡无日，就墓有期。哀身世之多艰，痛遭逢之匪易。隐身人海，徘徊方丈。凭窗远望，白云悠悠。伊人早逝，谁可告语。"这种被称为饱经忧患的"残破"意识，在历史上，往往引起那些劫后余生的人们深深的共鸣。而它所产生的经久不息的余响，甚至超出巴金以峻急的姿态所作的《随想录》。

孙犁晚期平淡的风格，虽与早期一清如水的文风一脉相承，但其典雅古朴的形式，却为早年文字所少有。特别是新时期散文的语言风格，有明显变化，不再是抒情和清新的语言，而显得十分深沉和幽默化。幽默化在《书衣文录》中已有所见，这是进入大境界的人，于巨大痛苦之时，作出的不可思议的反应。这种风格的转变，是孙犁在通向学者化的道路上逐步形成的。《书衣文录》可以说是他前后风格的过渡性文字。"文录"始记于1956年。这年春天，孙犁基本完成中篇小说《铁木前传》的写作，之后随即病倒，从此留下"十年荒于疾病，十年废于遭逢"的写作空白。但这一年病中他有一次南游，先到济南，而后到南京、上海、杭州，买了一些旧书，以后又从这些地方邮购了不少书。其中文学历史，自不待言；金石书画，文物考古，草木虫鱼，甚至农桑畜牧，都有收藏。这些都能从《书衣文录》中，约略可知。

关于读书，孙犁说："我的读书，从新文艺，转入旧文艺；从新理论转到旧理论；从文学转到历史。""初期，还买一些新的文艺书，后又转为购置旧书。购旧书，先是买新印的；后又转为买石印的、木版的。先是买笔记小说，后买正史、野史。以后又买碑帖、汉画像、砖、铜镜拓片。还买出土文物画册、汉简汇编一类书册。"

（《我的读书生活》）孙犁深厚的学养正是从这种广泛涉猎、博览百家中获得，并且自然而然地影响到他的文章。他还告诫青年人："必须多读书，特别是中国古书，不然文章就很难写好，鉴赏力也提不高。只读翻译作品，解决不了写作问题。"（《芸斋书简·致段华》）孙犁的读书经验，可以为青年人读书写作提供借鉴。

孙犁的读书生活，分几个阶段。他说："余幼年，从文学见人生，青年从人生见文学。今老矣，文学人生，两相茫然，无动于衷，甚可哀也。"（题《战争与和平》）不作书虫，不读死书，不拘泥，不尽信，可谓深得读书之法。孙犁是有深厚文艺理论素养的作家，具有历史学家和理论家的深邃眼光，故《书衣文录》中的所感所想，常常能振聋发聩，令人耳目一新。

《书衣文录》不仅是孙犁的特殊的读书记，更确立了作家今后的写作姿态，这一点是应当引起注意的。

四

孙犁由读书而爱书，由爱书而藏书，自然喜欢阅读古人的书目题跋。他说："近三十年，我倾心古籍，因之注意书目一类书籍，所藏甚多，且多已浏览。"（题《直斋书录解题》）但孙犁也有他的偏爱，对多于考订，或流于琐碎，即如有名之作，也会不赞一词的。藏书题跋可以分为学术类和艺文类两派。孙犁是文学家，不是钻故纸堆的学者，当然更爱读有文学性的题跋，比如著名的"黄跋"："此等书，颇便消遣，学问不深，趣味甚浓，玩物者之记录，非考据家之著作也。余好聚书，遂亦好此类书，较之一般书目，可多知古书源流，然于今世，则为几将枯竭之支流，无人向此问津矣。"（题《士礼居藏书题跋记》）从这几句话可以看出，孙犁既喜欢这位"鉴赏家"，又为此类文字之不传深感惋惜。今人黄裳也说："黄荛圃也喜欢在题跋里记琐事，买书经过、书肆、书估、书价、藏家……，包括日常生活，都随手记在跋文里。虽然有些学者很不以这样的作风为然，加以讥笑，但我却喜欢读这样的题跋。"（《榆下说书·谈"题跋"》）孙犁的书衣文字（其实就是他的藏书题跋），包括《甲戌理书记》、《耕堂题跋》，显然受到黄跋的影响（钱谦益也有类似的跋文），而更以全新的面目出之。那些看似离题万里、随心所欲却议论精辟的随意书写，正是对传统题跋的突破，也因此拓宽了跋文的地界，为读书记一类读书人喜爱的文字，贡献了新的形式。从传统的藏书题跋，发展到今天的书话，还没有人如此大量地这样写过。这就说明凡大家，往往又是文体家。尽管孙犁九十年代以后对这种写法，有所节制，而且由于心绪不同，色彩也有了明显变化；但对出于文字积习，"初无深意存焉"的《书衣文录》，还是非常珍视的，一再整理发表，并且同意让人把它们拍成书影。孙犁是很爱惜自己的羽毛的。

当代作家中，孙犁可以说是成就极高的一位，也是风格最为独特的一位。他向来以小说著称，但是并没有获得应有的评价。因为五、六十年代他的那些抒情的、细致的、散文化的小说，与当时提倡正面描写巨大斗争生活的时代要求相去甚远；晚期创作，转向散文，也都是在极其平静，几乎无人喝彩的情况下产生的。像孙犁这样真正甘于寂寞的人，在当代作家中，并无二人。这也是孙犁人格魅力异于常人之处。随着岁月的流逝，那些或以人名，或以时重的作品，逐渐会被人们淡忘；而孙犁的文学成就，将越来越受到世人重视。用他自己的话说："文章的命运，历史证明，大体与人生相似。金匮之藏，不必永存；流落村野，不必永失。金汤之固不可恃，破篱残垣不可轻。"（《〈秀露集〉后记》）《书衣文录》只是孙犁文学创作的别格，但这束不经意间手植的奇葩，也必定会受到人们，特别是读书人的喜爱。

中庸的是是非非

教研中心计划重印 2009 年由我主编的校本教材《国学基本读本》，士敏、君成建议增加《中庸》，并由君成负责选译了《中庸》的部分内容，引起我重新学习这篇文章的兴趣。君成撰写的选译前言，简明扼要，深得中庸旨趣，我在阅读时作了一些补充，不一定正确，现附于篇末，一起给同学们参考。

一、作者与文本

《中庸》的作者，司马迁说是孔子的孙子子思（前 492—前 431），以后历代都无异议。到了清朝，有人从"今天下车同轨，书同文，行同伦"等文字中发现问题，怀疑《中庸》是秦统一天下以后的作品，引起广泛讨论。但一般还是认为，《中庸》的重要部分（主要指前几节内容），是子思的思想。

《中庸》的文本同它的作者一样，扑朔迷离。有人说《中庸》是《子思子》的遗文，西汉戴圣编辑《礼记》时，把它收入其中。也有人说，《中庸》是汉儒替子思的立言。多数人相信，《中庸》在公元前四五世纪时，就已经流传了。

西汉的文治武功，非常了不起。它在文化方面的巨大成就，是对古代典籍最广泛的救亡图存。这些承载着中国文化的重要典籍，都在不久以前经历了类似阿富汗塔利班政权的秦朝彻底的禁毁。现在，学者们又在政府的支持下，耐心细致地做恢复的工作。《中庸》原文已不可得，汉儒只能根据残余的文字和长者的记忆，加以整理而已。它的内容杂乱无章，或相互抵牾；文字的风格也不统一，皆因成于众人之故。这些传注性质的文字，离孔子和子思想要表达的原意，可能相差万里，但是由于一些特殊的原因，特别是宋代以后，理学成为官方的意识形态，作为"四书"之一的《中庸》以及《大学》从此影响中国，竟然有八百年之久。

二、孔子的中庸

中庸一词，最早出自《论语·雍也》，对它作出经典解释的是程颐和朱熹。程颐说："不偏谓之中，不易谓之庸。"朱熹说："中者，不偏不倚，无过不及之名。庸，平常也。"凡事取其中，为不易（变）之常理，就是中庸。

孔子所说的中庸，是不是这个意思呢？孔子的原话是这样的："中庸之为德也，其至矣乎！民鲜久矣。"把中庸视为最高的道德准则。孙钦善注意到《论语》中孔子称为"至德"的地方有三处，另外两处一是称赞泰伯"其可谓至德也已矣。三以天下让，民无得而称焉。"泰伯，是周文王的伯父。还有一处也是称赞周的："三分天下有其二，以服事殷。周之德，其可谓至德也已矣。"孙钦善虽然指出孔子中庸思想的社会实践标准是礼义，但是他对中庸的解释仍然属于传统的范畴（《论语本解》）。

孔子认为，"三代之英"亦即夏商周三代圣人大禹、商汤、文、武、周公等所创造的盛世，是令人向往的，他一生也以恢复周代的制度为已任，所以在孔子心目中，能配称"至德"的，大概只有周这些三代的圣人吧。换句话说，孔子所谓的中庸，是对"周之德"而言的，孔子的中庸之道，即是圣人之道，或子贡所说的文武之道。"中"是《尚书》强调的治国理念，《论语》"尧曰篇"有与《尚书》类似的内容："尧曰：'咨！尔舜！天之历数在尔躬，允执其中。四海困穷，天禄永终。'舜亦以命禹。"《孟子》也说："汤执中，立贤无方。"这里的"中"就是正，"执中"就是行中正之道。所以刘宝楠说:"《中庸》云:子曰:'舜其大知也与! 执其两端,用其中于民。'执而用中,舜所授尧之道也。用中即中庸,故庸训用也。中庸之义,自尧发之,其后贤圣论政治学术,咸本此矣。"(《论语正义》)《史记·孔子世家》记录了孔子和齐景公的一段对话:景公问孔子曰:"昔秦穆公国小,处辟,其霸何也?"对曰:"秦,国虽小,其志大;处虽辟,行中正。……以此取之,虽王可也,其霸小矣。"行中正就是孔子赞美的中庸。

三、子思的中庸

子思之世,春秋时代终结,战国时代继起,陈国、吴国、蔡国等弱小国家纷纷灭绝,连最强大的晋国,也被彻底瓜分。古老文明的西周礼乐制度,到了这个时候,完全化为乌有,弱肉强食的严峻局面,成为现实。在此情况下,知识分子如同风雨中的小鸟,彷徨无依,孔子一生都在梦想恢复的周之道德价值基础,能否重建,就连子思也持悲观态度。因此,《中庸》一书,弥漫了许多的消极情绪:"中庸其至矣乎! 民鲜久矣!""道其不行矣夫!""天下国家可均也,爵禄可辞也,白刃可蹈也,中庸不可能也。"也是从这时开始,子思把儒家的外向进取转向内在的探索,中庸从政治哲学一变而为人生哲学。

子思的思想,集中体现在第一节文字上,杨氏所谓一篇之体要也。后面的内容都围绕它展开。《中庸》反复讨论的"诚",也是后儒对它的赘述。这一节讲了中庸的原理,中庸是什么和中庸的意义。其中首句也是纲领性的一段话:"天命之谓性,率性之谓道,修道之谓教",它前面的意思是指"中",中间的意思是指"和",后面的意思是"致中和"。"中"即是"心"(司马光),所以与喜怒哀乐有关,是天下各种情感产生的本源;"和"就是协,是天下事物普遍存在的条件;"致中和",天地秩序才能建立,万物才能生长。这是儒家希望达到的理想的境界。这个理想化了的世界，有如柏拉图哲学中的理念或"原型"。柏拉图认为，世间的一切事物都有一个代表同类事物的"原型"（理念）存在，比如，以圆为例，世上一切圆的东西都只是近于圆，而只有从几何学的意义上来讲的圆，才是绝对圆的，这就是圆的原型，是最完美的和永恒不变的（水建馥《柏拉图对话录》）。无论是孔子还是子思，"中庸"都是这样一个"原型"的存在。

四、新儒家及其以外的中庸

整个中古时期，中国思想极其驳杂，儒学在存续的过程中，吸收了许多外来的成分，特别是宗教，对儒家影响很大。到宋代，朱熹赋予儒家一种新意义，这时发生的儒学被称为新儒学，它的代表人物成为新儒家。

《中庸》是新儒家的思想源头，历代的新儒家都从这篇三千多字的材料里寻找灵感。新儒家思想中最基本的观念如命、性、理（道）在《中庸》一书中，已经不是作为一般性的问题加以讨论，而是成为建立新儒学的关键要素。新儒学的主要流派程朱理学和陆王心学都由此展开，只不过他们发挥和争鸣的问题，几乎与《中庸》无关。陆象山评朱熹："朱元晦泰山乔岳，可惜学不见道，枉费精神。"其实陆象山也差不多是这样。到清代，新儒家们的神秘、夸夸其谈和说教终于受到挑战。批评最尖锐的是戴震，他的檄文式的"以理杀人"最终决定了理学的命运。还有学者指出，不仅理学杀人，心学也杀人，主张恢复儒家经典的古义，即"人伦日用之学"。有趣的是，日本学者伊藤仁斋也持同样的观点。关于《中庸》，朱熹说："《中庸》何为而作也？子思子忧道学之失其传而作也。"伊藤仁斋认为，《中庸》没有那么多大道理，他说，《中庸》这本书，不过是《论语》的扩展罢了。另一位日本学者荻生徂徕说："中庸者，谓不甚高而可常行者，如孝弟忠信是也。"中庸是人人都可以实行的，可以实践的道德正是孔子所提倡的思想。要求恢复儒家本来的面貌与清儒乃至整个儒家文化圈经世致用的实学思想有关，新儒家形而上学的思辨哲学，这时被认为是一种虚无的理论遭到抛弃，是再正常不过的事了。

五、胡广与中庸

胡广是东汉的大臣，字伯始。《后汉书》和《资治通鉴》说他历事六帝，周流四公，三十余年。受到的礼遇，汉兴以来，人臣之盛，还没有过。然而考察胡广漫长的仕宦生涯，却并没有什么值得一书的政绩。他让历史记住的，是他为人处世的原则，堪称典型。史书上记载胡广"性温柔谨素，常逊言恭色，达练事体，明解朝章，虽无謇直之风，屡有补阙之益。故京师谚曰'万事不理问伯始，天下中庸有胡公'。"胡广文章典美，对朝廷的法律制度，烂熟于胸，无论什么事情，有弄不明白的，一问便知，但是缺少大臣应有的忠贞正直，天下以此薄之。

与胡广合为一传的还有邓彪，"彪在位清白，为百僚式。……永元初，窦氏专权骄纵，朝廷多有谏争，而彪在位修身而已，不能有所匡正。"终其一生，无咎无誉，正与胡广是同一类人。

可见，中庸到了东汉，已经蜕变为孔孟所指的世故圆滑，同乎流俗，合乎污世的"乡原"了。对此苏轼有过最严厉的批判："传曰：'不有君子，其能国乎！'余尝三复斯言，未尝不流涕太息也。如汉汲黯、萧望之、李固、吴张昭、唐魏郑公、狄仁杰，皆以身殉义。招之不来，麾之不去，正色而立于朝，则豺狼狐狸，自相吞噬，故能消祸于未形，救危于将亡。使皆如公孙丞相、张禹、胡广，虽累千百，缓急岂可望哉？"（《王元之画像赞》）朱熹说，胡广的中庸，是小人的中庸，不是子思的中庸。

六、中庸之道在当下的意义

今天，中庸之道仍然有完全不同的指向。现实生活中的老好人，不作为；文化心理中的犬儒主义，继续被一些人视为中庸之道，而且乐于自我认同。这当然是中庸文化的糟粕，应当坚决反对。理想的人格应当是什么样的呢？孔子说："见利思义，见危授命，久要不忘平生之言。"这是崇尚中庸精神的人具备的品质。此外，对中庸最传统解释的不偏不倚，无过不及，则启发年轻人，做人做事不走极端，处置适当，有所裁度，在不违背原则时具有灵活性，"毋意，毋必，毋固，毋我。"行中庸之道，就是要在人与自然，与社会，与他人以及自我关系中取得平衡。

在学术界，当代的新儒家继续在前人的基础上对中庸的思想加以丰富。陈荣捷说，中是中心，庸则意指普遍的与和谐的。合并而论，此意味着人性是和谐的，而且人与宇宙成为一体（《中国哲学文献选编》）。徐复观说，中庸之道，出于人性；实现中庸之道，即是实现人性（《〈中庸〉的地位问题》）。杜维明说，道不是别的，只是真正人性的实现。要实现和谐的人性，君子需要有意识地同环境和谐，并针对某种情势作出选择。但这种选择不是消极地调整自己以适应现状，而是努力按照《中庸》的精神来转化世界（《中庸：论儒学的宗教性》）。

这些大致相同的观点既是古典的，也是现代的。实现人性，即是实现了仁，虽然仁并不一定能在当下加以完成，但是我们却可以在追求仁的过程当中转化世界，从而形成一个和谐的君子社会。中国儒家知识分子，不管身在何时何地，一直渴望并致力于实现修齐治平的个人理想和中国梦想，这对于当今以追求财富为主要目的的国家和个人，无疑具有学习和借鉴意义。

《〈礼记·学记〉选译》前言

《礼记》是儒家十三经当中的一部大经。关于它的本源和年代，一千多年来，一直是经学家繁复论述、聚讼不已的问题。

它最初是以学者学习讲授《礼经》（《仪礼》）的札记形式出现，作为对《礼经》的补充或阐发。这类"心得"一时很多，故洪业有"记无算"之说。西汉时期的礼学名家戴德（大戴）、戴圣（小戴）、庆普等人，都根据教学和研究的需要从大量的记文中选编过各具特色的同类性质的参考书。它们中有的是古文《记》，有些年代已经很久了；有的是今文《记》，最近的是他们的老师后仓的讲义。这些参考资料经过后学者的不断增删，最终变得驳杂芜蔓，只不过它们的编纂权始终没有改变而已。到东汉末期郑玄时，以戴圣的名义汇辑的记文尚有49篇，已是当时最好的本子之一。郑玄给它作了出色的注释，是为《小戴礼记》（即现在的《礼记》），收入十三经里的正是此书。《小戴礼记》经过权威的认定后，本来是从属于经的次要的记文，这时才独立出来，最终与《仪礼》、《周礼》形成"三礼"的局面。而其他礼记或废止不用，或渐渐散失，包括有名的《大戴礼记》。

本期"旧籍新读"选译的《学记》，是《礼记》中的名篇，也是我国第一篇专门讨论教育的论文。全文1200多字，全面论述了教育的作用、教育的历史、现状及思考、教育方针、教学原则和方法、教师等等。体系严整，"论教育之理极精"（吕思勉语）。在它之前，还没有什么人对中国教育作出过如此系统的经验总结和理论概括。从《学记》引用《记》和使用《荀子》的情况看，作者大约是西汉前期时人，因为西汉之前《记》的地位还没有达到使用它作为论据或增加说服力的程度。而荀子去世后，战国也快要走到了它的尽头，直到秦朝灭亡，都不可能有人从容谈论振兴教育的问题。值得一提的是，作者是以儒家最高理想"治国""平天下"的观点讨论教育的，称教育是"建国君民"、"化民成俗"的"务本"之业，把教育提升到前所未有的高度。现代学者十分推重《学记》，梁启超认为，《礼记》中的《大学》、《中庸》、《学记》等篇，是青年人第一等需要精读的部分。《礼记》因而成为国学大师们向读者推荐的基础书目之一。

译文参考了中华书局影印的"十三经注疏"本和上海古籍出版社出版的"十三经译注"本（杨天宇撰）。选译虽少，但错误一定是有的，仅供老师和同学们参考。

《〈大学〉选译》前言

《大学》是中国古代教育和哲学的名著，在中国思想史上具有极其重要的地位。它本来是儒家经典《礼记》中一篇文章，作者已不可考。朱熹认为，是曾子记录孔子的话并且作了解读，但是并没有什么实际的证据。可以认为是朱熹为了建构一套儒家的道统理论而作的假定。冯友兰首倡"《大学》为荀学说"，提出《大学》是荀子思想一系的论著。刘又铭等人支持这一观点。《礼记》中的另一名篇《学记》，也与《荀子》有很深的渊源，它们都应该是西汉前期的作品。

《大学》从《礼记》中独立出来，陈荣捷认为在北宋仁宗赐进士王拱宸《大学》轴时（1030），此当是首次有单行本。杜维明认为，《礼记》中的两个篇章《大学》和《中庸》，作为儒家教育的神圣经典，从汉代以来就经常被当作独立的论文而加以诵习了。这些都是学者们的讨论。我们也可以进一步认为，《大学》从它产生时起就是独立单行的，流传了一段时间后才被录入《礼记》。

使《大学》的命运发生了改变的，是朱熹把它编入"四书"之后。朱熹通过编辑和注释"四书"，把理学家的思想传播开来，这样宋学就形成了。朱熹有没有恢复佛教进来以前的中国思想和文化暂且不说，儒学重新成为正统是毫无疑问的。这些赋予了新的意义的儒学理论，影响中国人的生活和思想达数百年之久，《大学》在其中发挥了重要作用。在古代，"四书"作为学生唯一的教材，连续使用了几个朝代也不是偶然的，根本原因就在于它教育学生怎样做人，特别是建立怎样的道德观和责任感。如果把儒教看成是一种宗教，那么，儒家的这种伦理和精神价值，无论是和世界其他宗教还是和中国的本土宗教相比，都是难能可贵的和独一无二的。

《大学》在《礼记》中是第四十二章，在"四书"中已经被放在第一篇的重要位置。因为理学家们相信，《大学》是"初学入德之门"。朱熹说："某要人先读《大学》，以定其规模。次读《论语》，以立其根本。""规模"是气象，要宏大；"根本"是基础，要牢固。然而众所周知，"四书"中的《大学》，已经不是《礼记》中《大学》的原本，它是经过朱熹加工过的。这种大胆改动经文的行为到明代遭到王阳明的坚决反对，宋、明理学和心学围绕着《大学》引起的针锋相对的争论，构成了中国近代哲学的全部历史。《大学》问题成为一个复杂的现象让那么多人参与讨论直到今天，这是朱熹没有想到的。

我们姑且同意朱熹把《大学》分为经一章传十章的做法，这样做便于学习。这次介绍也就选译了所谓"经"的部分。我们也赞成王阳明坚持《大学》应回归"古本"的主张，但是不赞成由于他们的诠释，《大学》的思想离开它的原貌已经越来越远了。在这一场跨越时空的争论中，"格物致知"究竟是什么意思成为焦点。《大学》"古本"没有它的传文，可能作者并不觉得它是最主要的。在这篇1750字的论文中，作者不厌其烦地步步诱导，所以有人说《大学》是方法论，反映了儒家对个人修养的重视。由于儒家精神展现的是一种积极的人生态度，教育家们教育学生自然要与国家社会产生联系，也就是将理想社会建立在每个个人负责的基础之上，这样才有了修齐治平的学说。

胡锦涛指出，教育的根本任务是"立德树人"。这和《大学》思想非常相似。作为经典，一代人有一代人的诠释，不同的人有不同的理解。我们介绍《大学》，虽然并不能获得新的发现，但是，如果同学们通过学习这部经典，都能够成为品质优秀、目光远大的人，那么，我们的目的就算达到了。

《〈孟子〉名句选》前言

孟子是儒家知识分子的典范。我常想，如果没有孟子，中国的知识分子会是什么样？还有没有这样的文化认同：怀抱理想，热情奋进，舍生取义，以天下为己任；强调人的道德和尊严，富贵不淫，贫贱不移，威武不屈……？

孟子名轲，战国中期邹国人，生于公元前372年，上距孔子去世百有余年，卒于公元前289年。他的人生经历和孔子相似，这是春秋战国时期，异常活跃的知识分子的共同命运。他以孔子的嫡传和继承人自任（孟子曾受业于子思的门人），孔子思想的吉光片羽，在孟子那里得到进一步发展和完善，是儒学体系的真正建立者。孟子一生所做的事情，一是捍卫孔子及其儒学；一是鼓吹仁政，推行王道。他到过齐、宋、薛、滕、魏等国，宣传他的政治主张，但是不被重视，晚年回到家乡，与弟子"序《诗》、《书》，述仲尼之意，作《孟子》七篇"。

从孟子一生所处的历史形势看，周礼早已分崩离析，大国争霸的局面已经形成。一次战争，从斩首数万人，到集体屠杀十万二十万人；割地从数十里到数百里，已属平常。弱小的国家，像商鞅的祖国卫国，不仅要臣属大国，还要不断地自贬增加安全感，先自贬号为侯，再自贬为君。与孟子同时的国际风云人物，秦有改革家商鞅、外交家张仪、军事家白起，六国有纵横家苏秦、军事家孙膑、爱国者兼文学家屈原，至于孟尝君田文、平原君赵胜之流，不可胜数。各国都忙于合纵连横，梦想富国强兵，孟子却建言"仁义"治国，警告"善战者服上刑"，自然被诸侯视为不切实际的"迂阔"之论。

　　然而孟子的"迂阔"之论，正说明了他的伟大，它们集中体现在孟子的民本思想。"民为贵，社稷次之，君为轻"，敢说出这话的，中国历史上没有第二人。统治者如果不仁，甚至变成独夫民贼，是绝对不能被接受的。孟子相信人的本性是善的，这是推行仁政的基础，不像荀子认为人的本性先天就是恶的，必须依靠后天的礼法来改造。——孟子始终对人类社会的未来抱着乐观的态度。因为人性是善的，那么人就可以通过努力来完善自我。孟子强调知识分子要积极入世，自觉担负起社会良心的重任。这些都是孟子思想的精华，也使我们看到，以孔孟为代表的儒家的气象，的确不是先秦的任何思潮所能比拟的。

　　这种气象或格局，影响一个大国的精神和一个人的气质。怎样培养这种精神和气质呢？孟子告诉我们要"立乎其大"，养"浩然之气"，"居天下之广居，立天下之正位，行天下之大道"。要"立乎其大"，首先要"识其大"，而且孟子的文章气势雄伟，对后世的影响极深，因此不论做人还是作文，《孟子》都值得同学们好好学习。

第三辑　教育漫谈

我的寄语(一)

——致利辛高级中学2012届高三毕业生

亲爱的同学们:

岁月如歌,三年的高中时光转瞬即逝,互道珍重、告别母校的时刻就在眼前。再过几天就要高考了,请允许我代表学校,给你们送上深深的祝福:祝贺你们顺利完成三年的学业,从少年成长为青年;也祝愿你们高考取得应有的成绩,在不久的将来,无论是继续求学,还是选择就业,都能拥有美好的人生。

高中阶段是学生个性形成、自主发展的关键时期,为了给同学们打好坚实基础,老师和你们一样付出了辛勤的汗水。我相信这些汗水不会白流,随着你们像蒲公英一样飘向各地,它带给你们的营养,足以让每一粒种子生根开花。

我相信你们不会在意某个老师的过于严厉,某个同学的一点点误会,不会在意生活辅导员的唠叨和食堂某一次饭菜的不合口味。在漫长的人生之旅,这些都不算什么,我们都必须学会宽容以及遇到困难时保持乐观和坚韧。

我们对未来必须始终充满热情,懂得每一个人都很重要,认识并发挥自己的潜能。我们必须不断提高个人的创造力,以适应迅速变化的世界,始终保持强烈的社会意识和坚定的道德观,富有同情心,明白自己对家庭、社会和国家的责任。

我们必须坚持独立思考,追求心灵自由——这是我们的教育信念;牢记我们的校训:"志于道,据于德,依于行",既仰望星空,又脚踏实地,无论做什么事都尽全力做好。

"士不可以不弘毅,任重而道远。"母校寄希望于你们的,不过

115

如此。

在与你们合影留念的时候，我看见同学们穿的自己设计的文化衫上，有这样一句话："那一年，我们曾经在一起！"是的，我们曾经在一起，那是一件美好的事情，它也将温暖着我和你们的老师，在今后的日子里，更加努力地为学校和学生服务。

祝

健康快乐，前程似锦！

巩敬耕

2012年5月26日

我的寄语（二）

——致利辛高级中学2013届高三毕业生

亲爱的同学们：

此刻，我是在安徽医科大学第一附属医院19楼的病房里，应邀给你们写毕业寄语。因为我母亲刚刚做了一次手术，我临时来这里陪伴她。她是中国传统妇女的典型代表，标准的"利他主义"者，至今我还在吃她做的饭，已经将近50年！也因为如此，我才有更多的时间，为学校服务。最近，我看到美国华裔物理学家朱棣文教授讲述的一个故事，他说："我本人在得到诺贝尔奖的时候，我想我的妈妈会很高兴。消息公布的那天早上，我给她打电话，可是，她听了却说：'这是好消息，不过我想知道，你下次什么时候来看我？'"所以，我想提醒你们的是，无论你们今后走得有多远，对父母要多一点牵挂，他们，包括我在内，将来差不多都是"空巢老人"。

在我来这儿之前，我看了你们年级的老师共同给你们写的一封热情洋溢的信，那无疑是一首诗，必将激励着你们前行。不过，我想告诉你们的是，考上大学，并非意味着成功，前面的路还很长。学习是一个漫长的、持续不断的过程，没有一所学校能够一劳永逸地给你们提供人生所有的教育需要。而对于一部分准备选择就业的同学来说，走向生活，会是一个艰难的时期。你会从事不同的职业，面临各种困难甚至是失败，这都是正常的，你必须做好充分准备。你不会像近来媒体热议的"火箭提拔"的官员那么幸运，但你也不会像他们那样倒霉。——"拼爹"未必可靠，要走自己的路，只要你奋斗，你就有机会。

我每年都调查研究同学们的状况，中国有将近1亿个农村留守儿童和城镇流动儿童，你们中大多数人都属于这一群体。你们经历了我们这代人所没有体验过的生活，经历了我们同样没有经历过的每个中学生必须长期承受的题海、反复训练和标准化考试的磨炼，有的在初中阶段就被训练成只知道学习，因此又厌恶学习的"分裂"的人。可以想象，对于许多人来说，毕业，无疑是一个幸福的日子，虽然高考还在压迫着你们，但是我已经感受到你们内心涌动的激动、不安和自由。

然而，这样的生活，是我和学校所要给予你们的吗？当然不！学校不是监狱，也不是军营，而应当是陶行知所说的森林式的广宇。所以在过去的三年里，我们总是努力把学校改造成为获得知识、友谊和想象力的地方。我们反对千篇一律，提倡生动活泼，强调并保护差别，希望在高级中学这样的文化教育环境中能够自由地发展你们的人格、思考和爱好，发展社会期待于你们的伦理的、才能的和情感的品质，这方面的价值高于分数！

由于科学与技术的冲击，世界正在迅速地改变着。作为未来的公民，你们必须适应并参与这样的变化，树立全球意识，敬畏普遍的价值，认识到环境污染、生态退化、资源匮乏等后果的严重性，自觉承担起建设美丽中国和美好社会的责任和义务。

"三年逐梦，一朝花开。"这是你们中的一位同学写的毕业寄语，我看了很喜欢，现在再把它送给大家。高级中学人心中都要有一个梦，有梦想，谁都了不起；能坚持，谁都会成功。要像拿破仑那样充满自信："我一定会成功的，因为我已经做好了准备！"亲爱的同学们，带着你们的梦想拼搏吧，祝你们成功！

巩敬耕

2013年5月20日

我的寄语（三）

——致利辛高级中学2014届高三毕业生

亲爱的同学们：

高考在即，你们离开母校的日子也近在眼前。今年，我选了晴子的诗《六月》送给你们，连同这本精美的相册，相信它会带给你许多温暖的回忆，并陪伴你投入新的、积极的生活。

昨天晚上，我看了央视播出的《舌尖上的中国·三餐》，里面讲述了一个陪读妈妈和高考女儿的故事，很感人。发生这个故事的学校在校学生超过两万人，实行军事化管理，被网友称为"亚洲最大的高考工厂"。我看到他们的教师正在作"出关"（参加高考）前的动员令，心里很沉重。我在想，不要让我们的陪读妈妈也这样对你们说："你们现在念书是受罪，我们那时念书是享福。"作为校长，我的梦想，一直是要让你们过"念书是享福"的生活，让你们接受正确的教育，为充分发展而学习。

我们一直强调并继续期望你们养成好的行为和习惯，塑造好的思想与品格，培养广阔的世界观，宽容对待差异，学会关心，具有创造未来和掌握自己命运的能力。

我们相信，高中教育不等于高考。虽然高考对我们是如此重要，但毕竟值得你们学习和思考的东西还有很多。教育的使命，是促进每个人的全面发展，为明天的世界及其要求做好准备。

假如你从中学习和领悟了这些最一般而又最被社会忽视的道理，那么，无论你是将要接受高等教育还是选择就业，你都是高级中学最优秀的毕业生！

就在上个月，韩国"岁月号"客轮沉没，造成檀园高中两百多名和你们一样美好年华的同学悲惨地死去。我相信你不会因为学习而对这场巨大的灾难无动于衷！

……

这些，连同知识和技能，都是母校所要教给你的。还有书香亭、状元阁、孔子广场，它们共同形成了母校的文化，并深入到你的精神生活之中。我希望高级中学能成为你精神的故乡，若干年后，你，你们，仍然以能重温故乡的传统而骄傲！

巩敬耕

2014年5月31日

我的寄语（四）

——致利辛高级中学2015届高三毕业生

亲爱的同学们，你们好！又到了和你们说再见的时候！看到同学们熟悉的身影，应邀与你们合影留念，心中充满不舍的感情。

每年的毕业季，都有许多感人的故事。日本爱知县犬山中学的毕业生，在毕业时必须做的一件事是：把自己使用过的课桌搬到附近的河流——木曾川上洗干净，留给下一届的新生使用。毕业时清洗课桌，是犬山中学持续了六十多年的传统。我在想，今年我们的同学将会做什么？是否会像许多国内高中那样在毕业前夕大撕书？——这听起来是一件多么"残暴"的事情！我们能不能形成这样的传统，把你不需要的书本留给下一届同学使用？或者把你们班里的藏书签上你们的名字后赠送给我们的淝水书院？学校文化建立在你们的每一个行为上，是不是一所好学校，则体现在你们离开时和毕业后。

我很高兴看到你们持续的变化。从刚进入学校时有人随意折断树枝，到毕业前买一株树苗择地而种。学校每年在植树时都小心保护好你们栽的小树，工人们都知道这是你们的一个心愿。我甚至还虚心接受了邓江薇同学的批评，她毫不客气地问我："为什么要在竹林边上安装护栏？它看上去是那么不协调？"我说："你说的对，护栏应当拆掉。好的教育，就是没有护栏。"

不仅是行为上的变化，我还高兴地看到你们在思想上的成熟。在你们的辩论中，我发现你们的独立思考和判断精神，令人赞叹，你们的胸怀和眼光，已经远超我们！有人说世界是平的，还有人说世界是立体的，生活在更加多元化的社会里，这是很重要的准备。

我很高兴我们的许多同学在学习期间，加入了志愿者行动或各种各样的社团。你们的优秀表现得自于在这些方面的锻炼。几天前，我接受了视听社同学的采访，之后有一位同学问我："您最崇拜的人是谁？"我告诉她："是纳尔逊·曼德拉！"曼德拉的一生是奉献的一生，他为我们树立了道德的榜样。我希望将来你们也能用你们的力量，为我们的社会，尤其是为那些需要帮助的人们尽一份责任。

比如因为我父亲患了帕金森病，我研究这个病，发现全球有一半帕金森病患者在中国！每年有近10万人患病。专家预测，中国25年后的帕金森病患者将达到500万人。帕金森病是一种需要及时护理的神经科疾病，发病的原因主要是由于环境的污染。我希望你们都懂得保护我们的环境，从而保护了我们的亲人，保护了他人，也保护了我们自己。

我很高兴你们中的许多人，在学习和思考中形成开放的人格和自由的心灵，这是创新人才不可缺少的，它将成为你们宝贵的资产，给你们无限的可能。上个月是我们的第五届读书节，我看到同学们修订的"推荐阅读"书目中增加了许多具有鲜明时代色彩的书，我把这些新书也买来学习，它们无疑是了解这个时代的视窗。大数据、云计算、互联网+，一场重大的变革正在来临，新的世界正在构建，它既让我们兴奋，也让我们恐惧：假如我们的思维不发生改变，我们就不可能主动迎接这个崭新的世界。那些固执地困守原有的思维和生活方式的人，必然最终失去未来。

我很高兴高级中学没有把你们培养成考试的机器。想想某个学校里学生无奈的坦言吧："如果把我过去三年做过的试卷连在一起，都可以绕地球一周了！"这就能够解释为什么这些毕业生后来很少有读研的，因为他们已经极端地厌恶了学习。

钟南山院士在今年"两会"期间公开批评一些公立医院的院长们，见面时只会问对方："你创收了多少？"而不会问："你救活了多少人？"中国教育也存在类似的问题，校长们更关心"你考取了多少北大清华？"没有人这样问："你帮助了多少困难学生，使他们免于失学？"作为校长，我希望我们永远不要忘记教育的本质，我希望我们能努力做到对每一个学生负责：学业优秀的学生我们激励他上最适合的大学，学业困难的学生我们帮助他获得能力。我们相信："人即目的。"（康德）我们知道："一个热爱生活，热爱人类，热爱真理，诚实正直的学生同仅仅是学业突出的百分学生相比，前者更有利于社会。"（詹姆斯·多姆生）

我很高兴王旭同学在挑战18岁极限的高考前这样说："我并不在乎最后的结局，我只在乎并且珍惜三年无悔的高中生活。时间似乎飞到了高一开学第一天，我紧张地站在讲台上，对同学们作自我介绍：旭日东升，大家好！我叫王旭……"

还有刘佳佳同学，他说："三年里最后的时刻我学会的是'爱'；我不会再说我讨厌那个老师，虽然他曾经灼伤过我；我不会再说我讨厌那个同学，也许他到现在也不喜欢我。"对于人生抱有宽容的态度，这使我深感欣慰！

我感动同学们的拼搏和坚持，也理解同学们的焦躁和不安。人生的路有千万条，不论你们成绩如何，出身如何，我希望你们都走奋斗的路，只有这条路才是通向成功的路。习近平说，人的一生只有一次青春。现在，青春是用来奋斗的；将来，青春是用来回忆的。人生之路，有坦途也有陡坡，有平川也有险滩，有直道也有弯道。青年时期多经历一点摔打、挫折、考验，有利于走好一生的路。

下面，是惠特曼的名诗《大路之歌》，现在我把它送给你们，祝你们好运！

我轻松愉快的走上大路，
我健康，我自由，整个世界
展开在我的面前。……

123

走呀！带着力量，自由，大地，暴风雨，
健康，勇敢，快乐，自尊，好奇。……

巩敬耕
2015年5月22日

那些让我们感动的文字

——致利辛高级中学2016届高三毕业生

又是一年毕业季！当高级中学即将由"母校"——这个令人思绪纷飞、百味杂陈的名词所取代的时候，我的心情和同学们一样难以平静。

今年，我将和同学们说些什么呢？还用那些让年轻人厌烦的口气"教训"你们吗？我想没有必要，你们敬爱的老师三年来无日不苦口婆心，已经对你们说得够多。今天，我想以一个朋友的身份，在你们即将参加高考、奔赴各地时，暂时忘掉分数和压力，和我一起分享自进入高三以来那些让我们感动的文字。因为我知道，由于你们要不停地"刷题"，很多同学甚至都忘记了"阅读"。而我始终认为，阅读，永远比"刷题"更重要！

基于这样的认识，我在校园网上设置了一个"推荐阅读"的栏目，其中最让我难忘的是四川凉山彝族自治州四年级学生苦依五木写的作文《泪》：

"爸爸四年前死了。

"爸爸生前最疼我，妈妈就天天想办法给我做好吃的。可能妈妈也想他了吧。

"妈妈病了，去镇上，去西昌，钱没了，病也没好。

"那天，妈妈倒了，看看妈妈很难受，我哭了。我对妈妈说：'妈妈你一定会好起来的，我支持你，把我做的饭吃了，睡睡觉，就好了。'……"

这篇不到三百字的小学生作文，是一位在当地支教的志愿者发到网上的，它立刻牵动了无数人的心。读到这样的文字，你能不泪流满面吗？在美丽却又贫穷的大凉山深处，还有多少孩子有着与苦依五木相似的命运？毫无疑问，和大凉山区的孩子们相比，你们是幸运的。我常说，能上高中的学生都是幸运的。而苦依五木，假如没有志愿者的帮助，她还能上学吗？

十多年前，当我第一次听说世界上存在一个"为美国而教"的公益组织，正在不断地为美国落后地区输送教师，就被它深深感动。而它聘用哈佛、普林斯顿等一流大学毕业生的人数，比通用电器和微软这些大企业还要多！如今，我们也有了自己的志愿者，也许还包括未来的你，愿意去帮助那些仍然处于困境之中的人们。就在几天前，我们刚刚欢送你们的老师——高三（12）班班主任赵付辉老师到西藏的山南地区去支教，他要在那个比大凉山更加艰苦的地方工作到2019年。

今年以来，我还重读了爱因斯坦和美国钢铁大王、慈善家安德鲁·卡内基的几篇文章和演讲。爱因斯坦教会我们独立思考，树立正确的世界观；安德鲁·卡内基则告诉我们不要眼高手低，"天下难事，必作于易，天下大事，必作于细。"这是一个从"宏观"到"微观"的教育，认识到这些，将是你们在高中最重要的收获。

爱因斯坦说："人是为别人而生存的——首先是为那样一些人，他们的喜悦和健康关系着我们自己的全部幸福；然后是为许多我们所不认识的人，他们的命运通过同情的纽带同我们密切结合在一起。"（《我的世界观》）

他说："学校应该永远以此为目标：学生离开学校时是一个和谐的人，而不是一个专家。……被放在首要位置的永远应该是独立思考和判断的总体能力的培养，而不是获得特定的知识。如果一个人掌握了他的学科的基本原理，并学会了如何独立地思考和工作，他将肯定会找到属于他的道路。"（《论教育》）

安德鲁·卡内基的演讲则收在他的《财富的福音》一书中：

　　"年轻人应该从头学起，担当最基层职务，这是件好事情。匹兹堡有许多大企业家，他们在创业之初都肩负过重任。他们与扫帚结伴，以清扫办公室度过了企业生涯的最初时光。我注意到，现在的办公室都配备了工友，这使我们的年轻人不幸丢掉了这个有益的企业教育工作。不过，如果哪一天早晨清扫工碰巧没来，某个具有未来企业家精神的青年就应该毫不犹豫地试着拿起扫帚。"（《我的位置在最高处》）

　　让我感动的文字还有很多，有些是我们的学生所写。我在2015年的高三毕业寄语中曾提议，不要通过撕书这种践踏文明的行为告别学校，得到了2015届全体同学的支持——这本身已经让我感动——他们把不用的书赠送给学校和你们使用，许多书上都留下他们的签名和写给你们的寄语。原高三（2）班同学曹露露，在她捐赠的学习笔记上，写了《关于它》这篇短文：

　　它上面记录的是必修一和必修二的英语知识。上了高二之后，决心要把英语成绩提上来，于是便有了这本笔记。

　　当6月3日的中午我把它从尘封的箱子中翻出来时，内心有许多感慨。看到那一页页用心记录的知识，想到原来的自己是那么的认真，虽几度放弃，但最终还是坚持了下来。我捐赠这个本子的目的，是希望给看它的人一点点帮助。曾经的我英语真的很差，在一次又一次的打击中我下定决心要学好英语。努力是有回报的，以前的我除了中考之外英语从未及格过，但现在的我英语考试从来没有不及格，这不就是收获吗？

　　很高兴能有机会和你分享我的学习笔记，漫漫人生路，我们未相识，不谋面，只愿你我都能从这个本子上获得鼓励。

　　祝：学业有成，人生无悔。不忘初心，方得始终。

　　我相信这个充满殷切之情的本子，是得到它的同学——准确地说是你们每一位同学——收到的最珍贵礼物，我也相信今年你们会继续像上一届同学那样，把用不着的书籍捐赠给下一届的同学使用。高级中学每天都发生一些令人感到温暖的事情，这也许就是"母校"的魅力，让人牵肠挂肚，终生难忘，并成为以后让你们奋斗的力量。我希望高级中学的每一位学子，都有一个美好的未来，我也相信，一个珍惜母校荣誉、不忘母校传统的同学，值得拥有这一切！

巩敬耕

2016 年 5 月 20 日

在利辛高级中学成立庆典仪式上的致辞

（2010 年 11 月 26 日）

尊敬的程修略县长、方显启总督学，尊敬的各友好学校校长，各位朋友，各位来宾，老师们，同学们，大家好！

利辛高级中学在县委、县政府的大力支持下，在社会各界的关心帮助下，已经顺利完成一期工程的建设任务，全面交付使用。她的建成和使用，是利辛教育发展史上的一件大事，标志着利辛普通高中教育与我县快速发展的经济社会相适应，开始进入全面提高的历史新时期。

"落其实者思其树，饮其流者怀其源。"当利辛高级中学五千名师生，在优美的校园环境里工作、学习的时候，当城区的老百姓每天早晨和傍晚来这里休闲、锻炼，共享利辛建设和发展成果的时候，我们总是在内心深处，以无比感激的心情，感谢所有对利辛高级中学的诞生做出贡献的领导和朋友们。感谢县委、县政府，正是由于县委、县政府高度重视教育、优先发展教育，才有了今天的利辛高级中学。感谢县建委、县发改委、县财政局、县监察局、县教育局、县土地局、县公安局、县行政服务中心、城关镇党委政府等单位，在学校建设的过程中倾力相助，从而确保了工程建设的顺利进行。

感谢利辛高级中学的施工单位安徽水利公司，你们以良好的信誉，又好又快的建设，保证了我们秋季顺利开学。学校建成后，公司的领导又主动提出捐赠给学校一部分图书。

感谢亳州市、蒙城县、涡阳县、谯城区以及我县的各兄弟学校，多年来，你们一直是我们学习的榜样。

感谢原利辛二中的老校长、老前辈和老同志，建校四十年来，你们筚路蓝缕，辛勤奉献，为社会培养了一批又一批优秀人才，为高级中学打下了良好坚实的基础。你们对利辛二中和高级中学所作的贡献，我们永志不忘。你们给予学校和我本人的帮助将激励着我们前行。我还要特别提出的是，在老校区的改造和搬迁工作中，你们表现了一个人民教师顾全大局、不计得失的高尚品德，从而有力地支持了学校和城区的建设和发展。

作为校长，我还要感谢高级中学这个具有战斗力和凝聚力的团队，在建设新校区的日日夜夜里，大家时刻牢记县委、县政府的嘱托，不忘责任，不辱使命，在各级领导、社会各界的共同帮助下，终于把利辛高级中学建成了一个放心工程、安全工程、优质工程和廉洁的工程。在此，我谨代表利辛高级中学，代表全校五千名师生，向以上领导和同志们说一声：谢谢你们！

新学校，新起点，再创新辉煌。围绕全县"教育振兴工程"三年计划和学校发展规划，今后我们将着重做好以下工作：

（一）认真学习贯彻《国家中长期教育改革和发展规划纲要（2010—2020年）》，做到五个坚持，即：

坚持发展为上，办人民满意学校；

坚持"质量立校、特色兴校、文化强校"发展战略，办特色学校；

坚持以师生为本，做服务型学校；

坚持不断学习，争创学习型学校；

坚持改革创新，建设现代化学校。

（二）加强教师队伍建设，提高教育教学质量。

加强师德建设，抓好教师的培养和培训，深化教师聘任制，完善目标责任体系，引进优秀人才，实施名师工程。加强教学研究，提高教学质量。树立先进的教育观念，解放思想，开拓创新，在办学机制、办学模式、教学内容、教育方法、评价方式等方面进行大胆的探索和改革。引导教师建立教、学、研、育四位一体的生活方式，建立一支静下心来教书、潜下心来育人的干部和教师队伍。今明两年，我们将以即将颁布的安徽省教育规划纲要为指导，在课程改革方面做出积极探索。

（三）坚持育人为本，实施素质教育。

把立德树人作为教育的根本任务，着力培养学生的社会责任感、实践能力和创新精神。大力倡导和培育尊敬师长、关心同学、热爱学校、热心公益的优良校风，形成蓬勃向上、文明和谐的校园文化。坚持面向全体学生，充分考虑每一位学生的发展需求，努力提高学生的道德素质、公民素养、学习能力、交流合作、职业技能、运动健康和审美情趣，为学生未来的发展奠定基础。

（四）进一步扩大学校的对外开放，把对外开放作为推动学校教育教学改革和发展的重要举措。

加强与省、市、县兄弟学校的学习和交流，沟通与企业、社区的联系与合作，办好适应现代化和未来需要的学校教育。

（五）努力建设平安、健康、文明、和谐校园，让学校成为学生喜欢、家长放心、社会满意的学校。

我们坚信，在县委、县政府的正确领导下，在市、县教育局和社会各界的关心帮助下，通过全校上下共同努力，我们一定能够在较短的时间内，把学校办成环境优美、书香浓郁、管理规范、富有特色的优质高中，决不辜负各级领导和人民群众的殷切期望！

再一次表示最衷心的感谢！

对我市高中阶段教育发展的建议

——在政协第三届亳州市委员会第五次会议上的发言

各位委员：

根据大会安排，现就我市高中阶段教育发展，提出本人的意见和建议，不妥之处请批评。

近年来，随着我市经济社会快速发展，我市的基础教育也取得了显著进步，主要体现在办学条件明显改善、师资力量不断加强、教学质量逐年提高。特别是城区教育，发生了巨大变化。

在取得成绩的同时，我们也看到教育存在的问题和不足，比如城乡教育严重失衡；沉重的课业负担，已经影响到学生的身心健康；学校的功利化应试倾向突出；教育的思想观念落后；等等。当然这些问题是普遍存在的，也是亟待改善的。教育要发展，根本靠改革。教育只有树立起忧患意识和责任意识，着眼未来，年轻一代的个人梦想和中国梦才能成为现实。

一、教育要从面向少数学生转变为面向全体学生

每一个学生都很重要，都是家庭的百分之百。由于高考的限制，不是每一个学生都能上大学或上名校。从我市高考来看，2014年高考本科达线率已经达到50%（含较多的艺术体育类考生），超过全省41.7%的达线率。但是仍然有很多学生不能接受大学本科教育，学校要对这些学生负责，而不是只关注少数升学有望的学生。当前各地强化的应试教育，从资源配置到评价标准，都是面向少数学生的。升学无望的学生、不能升入重点学校的学生，都或多或少地排除在教育体系和评价体系之外。这种教育价值观、评价观和质量观，违背了教育公平的基本原则。只有面向全体学生，才有良好

的教育生态，才能让每个学生在学校教育中都得到发展。

二、教育要推动学生从片面发展转向全面发展

教育的本质是培养人，培养德智体美全面发展的人。应试教育带来的严重后果是，教育围绕考试和升学来组织实施，教育的主要任务就是围绕考试和升学传授知识，升学考什么学校就重视什么，导致中小学教育越来越功利化、同质化。为防止这种异化现象进一步加剧，市教育局在努力提高教学质量的同时，坚持规范办学行为，积极开展教学改革、"国学经典进课堂"、"示范高中校园行"等活动，其意在于推动学生从片面发展到全面发展，从同质发展到个性发展，从被动发展到主动发展。当然，这些工作才刚刚开始。

三、教育要从外延式的规模发展转向提高质量的内涵发展

目前，我市普通高中（包括城区初中）教育还处在粗放的外延式规模发展阶段。省示范高中平均规模达到6 000人，这样的学校规模是美国、日本等普通高中规模的10倍，是我省皖中、皖南地区高中规模的两倍多，导致学校管理负担过重，教学质量很难提高。走内涵式发展道路是教育改革和学校发展的必由之路。内涵发展的目标是追求高质量的教育，高质量指的是学校为全体学生规定了高标准和目标，并帮助学生达到这些目标。它意味着每一个学习者，无论在学校还是在未来的工作岗位，应该在个人能力的极限上工作。高质量不等于学生考得好，而是指包括高考在内的学生各方面的能力发展得好。

四、教育要从精英主义教育转向普职并重的大众教育

根据国家中长期教育改革发展规划和高考改革意见，中国高等

教育将发生重大调整。今后将通过两种模式的高考，培养两类人才，即学术型人才和技术技能型人才。学术型人才即通过现在的高考，让一部分学生上研究型大学；技术技能型人才的培养就是逐步通过分类招生考试等办法，办好地方的高职高专院校。从2014年起，全国600多所地方本科院校也将逐步转型为以现代职业教育为核心的学校。因此，大力发展职业教育，通过发展职业教育，引导学生合理分流，也间接促进了普通高中教育的健康发展。

每一个学生都是不同的，每一个学生都各有所长，好的教育就是给学生提供适宜的教育。英国高中的办学模式有三种：学术型、职业型、综合型。美国综合高中也早已成为学校的主体，它们的培养目标：寻求升学、就业、全人的统一，值得我们借鉴。普通高中要准确定位，A类省示范高中要成为学术型高中，努力让更多的学生上大学，上好的大学。其他高中走多样化、特色化发展之路，让每一个学生都能成人成才。

今天，已经很少有人在一家企业内工作一生，好的教育应当强调知识和技能并重，人格和能力并重，使得年轻人能够有效的参与到未来和社会中去。

为此我们呼吁，教育不可能置身于思想和行动的潮流之外，而应当培养青年一代，适应明天的世界及其要求，培养广阔的世界观、人生观和价值观。

我们呼吁，切实减轻学生沉重的课业负担，给孩子一个健康、阳光、积极、向上的身体和心理，他们未来的路还很长。

我们呼吁，不要片面追求孩子的学业成绩，成绩固然重要，但更重要的是培养孩子的能力，——面对困难的能力，挑战自我的能力，适应社会的能力。引导孩子发展他们的爱好和特长，具有正直的品质，富有同情心，自觉担负起对家庭和社会的责任。

"教育是一棵树，摇动另一棵树；是一朵云，推动另一朵云；是一个灵魂，唤醒另一个灵魂。"衷心祝愿亳州教育的明天更美好！

关于教育和读书的对话

一

黄敬（心理学教师，以下简称黄）：昨天到您的家乡给老师培训了。培训结束后，到小镇的街道、小路走一走，雨后的小镇很美，空气很清新，想着您笔下的那些人物，那些已逝去的故人，让这个小镇有了故事，有了历史，有了文化，让这里不再陌生，有一种亲切感……也想象着儿时的您一定在这里度过了难忘岁月……

久园：我家在镇政府北边500米，当年水很多，树也多，现在都消失了。我怀念过去，所以我喜欢树。每个人都应当有一个快乐的童年，即使是贫困的也是美好的。现在则不然，城镇化使社会生活发生了巨变，应试教育也让孩子没有了游戏。我常想，基础教育的首要任务，是给孩子应有的童年。

黄：是的，现在的孩子是"没有"童年的，他们过着和大人几乎一样的生活。

久园：汪曾祺在谈到沈从文时说，一个人能不能成为一个作家，童年生活是起决定作用的。如果童年对生活充满兴趣，充满好奇，一颗心永远为一种新鲜颜色、新鲜声音、新鲜气味而跳，将来他说不定就会成为一个作家。

岂止是作家，我们读艺术家、科学家以及许多从事创造性工作的人的回忆或传记，没有一个人的童年不是丰富多样的。如果孩子们的童年只有沉重的课业负担，他们不再惊讶于那些新鲜的颜色，新鲜的声音，新鲜的气味，那么，他们长大后还能成为作家、艺术家、科学家吗？裴斯泰洛齐认为，初等教育应是自然教育，对此我深信不疑。只有保护好儿童的天性，使儿童融入到大自然中去，才能释放他们潜在的能量。

二

黄：在培训中，和大家分享您的教育理念，呼吁大家关注儿童的精神教育，老师们很有共鸣。您曾经说过英国的精神教育，很有感触，看了相关的书籍，深感必要，尤其是留守儿童。最近准备给学生编份小报，选了美国总统奥巴马的一篇演讲《我们为什么要上学》，很多话也是您常常提到的，相信会引起学生的思考，更广阔地认识受教育的意义……

久园：奥巴马最近签署了一项教育改革法案《让每个孩子都成功》，从某种角度说是对2002年小布什通过的《"不让一个孩子掉队"法》的纠正。小布什的法案是为了解决美国公立学校质量"低下"的问题，它无疑是受到包括中国在内的国家教育发展的刺激，重视学业成绩，强调标准化考试，颁布以来，争议不断。奥巴马的这个法案很重要，值得注意。

黄：我看到新闻报道了，奥巴马很了不起，这是他卸任前送给美国孩子最好的礼物。

久园：不仅是送给孩子们的，也是送给这个国家和这个国家未来的最好的礼物。曾经，中国孩子的考试成绩让美英这些国家倍感压力，中国（上海）学生首次参加国际中学生能力测试（PISA）就夺得了阅读、数学和科学三项全部第一，对美国人的震撼程度，据说很大。在英国，去年英国人在汉普郡一所中学进行了一个月的"中国式教学"实验，同样引起全世界的关注。但很快他们就会知道，一时半会的考试成绩说明不了什么，考试成绩并不能决定孩子在明天能够开辟什么样的道路。美国密西根州立大学杰出终身教授赵勇，是从国内过去的，对我们以考试为导向的教育再熟悉不过，因此他对小布什的教育改革法案坚决反对。华师大出版社出版了他这方面的专著《迎头赶上，还是领跑全球：全球化时代的美国教育》，你可看看。还有一本更重要的书《美国学校体制的生与死：论考试和择校对教育的侵蚀》，是美国前教育部助理部长、教育史学家、曾经积极推动教育标准化运动的黛安·拉维奇写的。她在这本书中反思说："教育的目的不是为了高分数，而是教育学生成为思想成熟、品行端正、有责任感的公民。""如果我们的学生从学校毕业，仅知道在多项选择考试中如何在四个选项中选取正确答案，而没有准备好去过一种充实的生活，做负责的公民，并为他们自己、他们的家庭和我们的社会做出正确选择，那么，学校的教育是失败的。"

三

黄：您说教育应该根据变化而变化，我想是不易做到的。这需要一个开放的思维方式，能尊重和接纳新的事物，以变化的眼光看待人、事，相信改变的力量。而这不仅仅是教育方面，更源于对人性本质的拷问。

久园：我说的主要指内容方面。如果我们的教育总是一成不变，而世界却无时无刻不在变化；如果我们的课程以及老师因为滞后于这个时代，反而成为阻碍变化的一个因素，那么我们的学生怎么能适应明天的社会？

不仅教育的内容应该根据变化而变化，教育的形式也会发生相应的变化。如学校从无到有，再到将来可能出现的学校社区化，或非学校化社会之类，这些也许很快就会成为我们必须面对的一个东西。几年前马云说，未来，酒吧还是酒吧吗？餐厅就是用来吃饭的吗？购物还要到商场吗？买书只能到新华书店吗？我们都不信，直到我们发现互联网的威力时，大家才半信半疑。

四

黄：今天下午给各班心理委员培训，彼此分享了开学以来的感受和思考，他们的话那么真诚、质朴、感人，表达着对这份工作的坚持和理解。能感受到他们的成长，由衷的高兴，也许他们看上去不是所谓的好孩子，但是一定有一双隐形的翅膀……您能体会那种发自内心的感动吗？就是那种不被表象迷惑、而看到一个人内心力量和丰满羽翼的兴奋和振奋，每个人真的都很了不起！用心发现每个人都有光亮的、丰满的羽翼，这就是人性的光辉吧，正因为此，我们才可以在黑暗中坚信希望的存在，永不放弃！

久园：每个人都是有光亮的，这的确是人性的光辉。儒家讲道，说道不是别的，只是真正人性的实现。实现真正的人性，正是教育的任务。

黄：第二届心理健康周昨天也开始了，学生的表现让人感动，所有的活动都是由他们完成。他们自荐担任组长、副组长，还有一个后勤组。他们都是一帮调皮的孩子，现在应试教育评价下不被看好的少年，可是他们真的很棒。谁能说这种参加实践活动而感受到的兴奋不是成功的体验，不是一种优秀品质？评价应该是多元的，应让每位学生感受到自己存在的价值。教育也许就是帮助每个人发现自我，发展自我，超越自我。

五

黄：河合隼雄的回忆录看了吗？是一部很特别的回忆录。虽是对过往生活片段式的记录，但这些"片段"绘在一起就成了一幅幅连续的画面，让阅读的人仿佛看到一个智慧老人曾走过的人生之路。

久园：河合的回忆录《给未来的记忆》是一本非常值得老师和学生看的书，书中的学校和学生，都是我希望的那样，比如河合描写一所私立大学的校园活动，有各种各样运动项目的大会。河合喜欢相扑，站在外边看了一天。回到家里，妻子问："你今天干什么啦？晒得好黑。"河合就开玩笑说："大学嘛，就是会晒黑的地方。"

黄：是的，的确如此！想起您说过学校要成为"森林似的广宇"，并且一直坚持这样做，我想大概能读懂一点您的理想。

久园：森林似的学校是陶行知说的。他说："社会即学校"，就是要打破"鸟笼式的小学校"，建立"森林式的大学校"，"把笼中的小鸟放到天空中使它能任意翱翔"。拆除学校与社会之间的高墙，"把学校的一切伸张到大自然里去"。"好的先生不是教书，不是教学生，乃是教学生学。"陶行知是很了不起的，他提出的"生活教育"是纠正应试教育的良方。应试教育是中国的"传统"教育，根深蒂固，民国也存在，如陶行知声讨当时的会考，说会考"杀人"，"会考所要的必须教，会考所不要的就不必教，甚至于必不教。于是唱歌不教了，图画不教了，体操不教了，家事不教了，农艺不教了，工艺不教了……所谓课内课外的活动都不教了。所教的只是书，只是考的书，只是《会考指南》！教育等于读书，读书等于赶考。"是不是和今天的情形差不多？

六

黄：认真阅读了您写的《中庸的是是非非》，有理解：所谓中庸，就是与环境、与他人、与自己这三者的和谐相处，但并非是消极应对、随波逐流，而是心灵和三者有一个沟通，能以开放的心态看自己、他人和环境；顺其自然、又能顺势而为……有一个小看法：文章标题为《关于中庸的是是非非》如何？没什么原因，就是感觉吧。

久园：关于中庸，我只有一点肤浅的认识。至于标题应否加"关于"，可以讨论。辞达而已矣。有一次朱元璋外出视察，见城门上书"朱雀之门"，因问"之"字何意，答是语助词。朱元璋说，朱雀门不就行了？要语助词干吗？朱元璋可以当我们的老师，虽然他只有小学低年级文化。我们的语文老师，都有大学文凭，有的指导学生作文，必须符合所谓的要求，结果写得千篇一律，了无生气。

七

黄：读一些文字，安抚心灵、让泪水涤尽一切，再重新上路，历经生命的过程。没有原因，就是会有那一个时刻，像个无家的孩子。推荐您读一篇《生命列车》吧，相信您会喜欢。又想起您曾说过：您不喜欢读一些"心灵鸡汤"类的书，现在我好像明白了一点，有些东西总是"混淆视听"，会让人愈加困惑……

久园：尽信书，不如无书。哪有那么多神乎的心灵鸡汤？如果谁都可以做这样的汤，那么孔子、柏拉图早就被人们忘掉了。

八

黄：今天一天的时间里，把编辑的《心理委员手册》和报纸送给了全校三个年级的大部分班主任，并和他们进行了真诚的交流。提着很重的袋子把所有教师办公室走一遍，真有点累，但心里很高兴，因为所坚持的工作对大家是有帮助的，是有意义的。不过正如您所说：任重而道远。还要继续努力呀！您说过"心理老师是不能坐在办公室里的，要和老师学生多交流"，真的很有必要。不怕您笑，昨天很晚把手册装订好之后，我就在心里想了又想：走进每间办公室，迎着不很熟悉的目光，一一送给不很熟悉的班主任，并介绍心语室的近期工作安排，是件需要勇气的事情，真有点忐忑啊！

今天早晨五点多就醒了，心里面鼓励自己：要多突破自己的局限性，多在不熟悉的人面前真诚表达。

久园：最好的鼓励来自自己。不过我还是鼓励一下你：做得好！《心理委员手册》，名字不好，好像是上个世纪起的，不能起个21世纪的书名吗？绿色课堂，是要让老师知道，课堂不仅是老师的，更是学生的；心理教育，也要让学生知道，要让我们的生活更加快乐，得到一些有益的启示，并为我们的学习提供帮助，就应当学好这门课程。他们也会喜欢这门课的。现在不光是学生，包括社会，对心理教育的认识还不够。心理学研究的主要问题，就是个人与世界的关系，对学生而言，处理好这个关系，其重要性不亚于学好任何一门课程。

黄："最好的鼓励来自自己"就是"自励"吧，对人的生存与发展很重要。谢谢您的鼓励，重要人物的信任对人的发展同样重要。您这样说后，我考虑了一下，还真觉得名字需要改，但到底改什么呢？我会好好思考。"绿色课堂"，很喜欢"绿色"，是生命的颜色，是宜人的颜色，是健康的颜色……"绿色"是很好的意象，让人舒心，向上，沉醉……

九

黄：翻看很久以前读的书，里面有一句话：绘本里面有声音和歌声……以前读时不怎么理解，还有疑问。现在仿佛明白了。由此我想起您写的一篇文章（关于李黼的），您的那篇文章里就有音乐，有画面，有歌声，有情感，有思考，仿佛一下子由喜欢那篇文章重新认识了文言文的风采，那就是含蓄、韵律、画面、诗境、哲思……也许您不会相信，就是被那篇文章的语言风格深深吸引，让人有拔剑而起的英雄气概……也是您的那篇文章，让我感受到了语言美的魅力。曾经和您说过，那是适合大声朗读的文章，让人有一种侠骨无畏的英雄的感觉（可能和我初中时爱读武侠小说有关），像一首歌总回荡在耳际……

久园：相信或喜欢有时是"移情"在起作用（在你更多的是因为"共情"）。如你一下喜欢上了绘本，而且是真的喜欢，但是你要知道绘本并不会如河合所说的二十一世纪它将越来越重要。重要的不是绘本，而是美丽的天空，清新的原野，纯真的心灵。绘本只是代表它的一个原型存在。

黄：您对绘本的解读，让我突然明白以前那些无意识的想法和行为。就如您所说，绘本只是一种原型的表达：美丽的天空、清新的原野、纯真的心灵——原来我一直渴望的是这些，让我对自己的认识更多了。其实这岂止是我，我、我们、所有人不都如此吗！

也许绘本只是一种形式：用优美的画面和简洁的语言把人带入自然纯粹的世界。

还可以有很多，比如您的绿色的长有各种树木的校园，就是一幅自然的画面，而写有文字的石碑、路牌，各种建筑、广场、园林的名字……这些就是最好的物语。

尼采说：真正的哲学家从不是来自学院，而是来自人间。这话说得太对了，您就是这样的，校长！

您关于"共情""移情""原型"的认识很独特，真是要多学习、请教啊！

十

黄：有一天一个来访学生对我说：我们学校很多学生都是荷花，不要只看到表面的淤泥，其实每个人都是荷花。

有一个女生的自画像是"荷花"，她说，从小就喜欢荷花。有一段时间她一直说，要从重点班转到实验班，原因是实验班学习环境更好。有一天她突然想起什么似的说：我安心留在原班级，因为我就是一朵莲花，在这儿挺好。

还有一次给小学语文老师培训师德。其中说到所谓的师德就是一种行为：给孩子一个拥抱、一句鼓励、甚至一个温暖的眼神……这些可能教不出一个大学生，但也许会拯救一个人、一个家庭……这绝不是夸大，没有获得爱又怎有能量传出爱，更不用说共情能力了。

您说，这是不是您说的"通"呢？

久园：你举例的两个学生，佛学上说每个人都是莲花，感到我们的学生很了不起。我每次和学生谈话，都有这样的感觉，感到坐在我面前的是一个比我们强得多的人，我为他们感到骄傲和自豪。可是我们有许多老师总是不放心学生，总是认为学生这也不懂，那也不会，总想多讲点，或者自己多干点，一方面又说我们的学生缺乏自信。如果是这样，学生的自信和能力什么时候才会有？

你在报告中讲师德问题，认为给孩子一个拥抱，一句鼓励，一次温暖的眼神，也许会拯救一个人，是对的。这就是孔子说的仁。仁是可以实践的道德，不是用来讲大道理吓唬人的。至于"通"的问题，"通"有两个意思，其一是不阻塞。《周易》说"风行水上，涣"，风在水面上行走，能不顺畅吗？其二是知变，不僵化，不认死理，不必，不固，不我。这是孔子强调的。"通"的反面是"泥"，"泥"是不能"致远"的。

黄：您说的"通"真好！不必，不固，不我，而我还真是如您所说"不通"，这表现在学习、工作、生活各方面，所以常常才会跌跌撞撞……您说过"通，就是思想的无障碍，如水之流淌，风之吹拂"，现在我好像明白了一点。

十一

久园：教育的全部奥秘在于爱学生。但是，如果教育不能创造一个令人欢畅的氛围，再好的良苦用心也会大打折扣。只有建立友好的、平等的、民主的，可以毫不费力进行对话的师生关系，真正的教育才会发生。

黄：的确如此！

一篇研究上说，有人对一百多位老师做问卷调查，其中有一题——你爱你的学生吗？有四个选项，百分之九十以上的老师选择"爱"。然后又对这些老师所教的学生做调查，其中有一道题——你觉得老师爱你吗？百分之九十的学生选择"不爱"……

给全县部分老师培训时，有一判断"所谓尊重，就是接纳一个人的优点和缺点，甚至是一些不合理的、愚蠢的想法和行为"，很多老师说"错"，这其中也包括"成功教师"。

这些其实反映了一个人的人性观。想起民国初期英国医学博士、教授梅腾更先生，七十多岁的年纪在我国创办"西医医院"，每天早晨亲自查房，和病人交谈。一次一个四五岁的小患者突然对梅老先生鞠躬，梅老先生也赶紧弯腰鞠躬。没有年龄、身份，什么也没有，只源于"人"的存在……这就是尊重！梅先生对医德的理解是三个"H"：

head（头——知识）

hand（手——技能）

heart（心——仁心）

对于我们老师的要求也是如此吧：专业知识、教学技能、仁爱之心。

没有爱就没有教育，教师对学生的爱是师德最重要的表现。

十二

黄：即使生活在同样的环境、同一父母所生，不同的孩子感受也可能完全不同。因为每个人都有内心世界的"微环境"。因此对一个孩子是"天堂"一样的地方，对于家庭的另一个孩子则可能是

"地狱"。环境有时是人的主观感受。客观环境是什么并不重要，重要的是一个人的主观感受。所以当你为一个人流泪的时候，他可能正在微笑……有一段话与您分享：真正的无私并不是予人财物，而是放下自己的预设、价值评判、世俗的好恶，不焦躁地做判断下结论，静待自己的心与他人的心在灵魂深处发生共鸣……在读一本很棒的书。

十三

黄：上午谈到"改变"，"改变"是很难的事。我们的工作就是帮助促进"改变"的发生。"帮助"的表达方式很多，很多时候真诚地说出自己的"无知"就是一种"帮助"。对于当事人来说的"改变很难"可能意味着"接纳不能改变的现状"，对于我们来说"相信改变的存在"是一种信念，正是因为信念的存在，希望才存在。存在主义心理学提出并实践这一理念。一种"理念"成为"信念"，非常重要！不同的人有不同的信念。拥有信念的人，才会踏实、从容生活在世上，不随波逐流、不忐忑不安，能够自得其乐。无论任何时候，相信改变的存在，相信改变的力量。纵使遭遇挑战，也要坚信那只是一种考验。而真正的东西欢迎一切考验。

久园：你说得非常好！存在主义本质上是很虚无的，但是它的这个观点很好，相信改变的存在。改变能带给我们许多积极的因素，所以，萨特才说存在主义是一种人道主义，是对人生充满希望的乐观主义哲学。

黄：谢谢您的肯定和鼓励！存在主义心理学脱胎于存在主义哲学。有人说哲学是心理学的妈妈，还真形象。很想为自己的信念寻找哲学依据，所以在深层心理上认识自我，不断的反思。无论是工作实践或者生活，这都很重要，而渐渐比较认同存在主义心理学，也许与我的生活经历有关吧。

十四

黄：选择什么学派作为自己的信念依据，不是因为它正确，而是因为它适合自己。或者说它是一面镜子，能鉴定自己做出的判断，所以才选择了它。人在做事的时候，需要用某种方法把自己的"存在"对象化、客观化，也许明确自己依存的学派，对象化、客观化这个过程更方便一些。但要注意不要拘于某个学派，否则容易视野狭窄、甚至削足适履。

久园：你说得很对，学术就是这么展开的，但不能画地为牢，否则学术就不发展。即使是诸子百家时代，各派看起来泾渭分明，但在那时也是互有渗透、互相影响的。学生们可以自由地听课、辩论，最后选择认定的价值，终生追求，才有思想的繁荣。

黄：是的，所有的学派都基于人为的划分，而实际上世界却是完整的，这就要求我们拥有一种开放、自由、思考的态度。而您是拥有这种态度的人！

十五

黄：最近到乡镇一所中学去培训，在校园里走一走，那些高大的梧桐很美，只是感觉梧桐的美和校园的落寞不协调。单论这些有历史感的梧桐，这个学校一定有很好的"过去"。

久园：是的，这个学校是三十年代建校，有过许多传奇。我刚工作时里面的大树还有很多，十多年间，砍伐殆尽，连郭沫若题写的校名也丢失了。学校就是这样衰落的。有人说，一流的学校长藤，二流的学校长树，三流的学校长草。在向一流学校迈进的过程中，任何置身其中的人，都应当做一个守护者，而不是破坏者，惟其如此，一流才能实现，文化才能建立。什么是文化？文化实质上是一种关怀，这种关怀不仅体现在人上，也体现在物上。

十六

黄：星期天在书店买了几本书。其中有一本林语堂先生著的《老子的智慧》。读得似懂非懂，有点不知所云。还有萨特写的自传《文字生涯》，很棒的书！书中的句子"用不断地创新把自己从虚无中解脱出来"，"每时每刻都是我的不断再生"……真好啊！近来很喜欢读自传。读了卢梭的自传性质的书《忏悔录》、《孤独漫步者的遐想》。有很多感慨和思考，不知您如何看待。

久园：这几本书，我在二十年前看过，都已经忘记。林语堂的《老子的智慧》我没看过，你说读得似懂非懂，不是什么问题，中国古代哲学，本来就是似是而非，模棱两可的。你读书多思考也多，这很好，我没有你读得深入，而且只能记住一些"有趣"的书。我是属于"读书乐"的那种。真正要读有所得，读书还是很苦的，是要"啃"的，比如你上面提到的几本书。

黄：嗯……有点不同想法。您用"啃"很形象、很恰当，但不"苦"。因为"啃"让你获得"营养"，让你成长，是快乐。就如你在路上行走，遇见一个人，这个人穿越时空和你有共鸣，你体验到的是理解的快乐，虽然旅途会辛苦一点。经典之所以经得起考验，也许就是缘于对人类最深处的情感的理解，越是浮躁的年代，人越需要这些。书就是一种载体，可以唤醒或者遇见或者温暖心灵深处的自己，在那里找到慰藉、救赎、理解、升华。我读这几本书，缘由是在工作中，对自我和各种理论产生的困惑，我想寻找答案。而读自传性质的书让我能更感性、具体的理解这些伟大人物的内心，从而更好懂得他们提出的理论，以期解答自己的困惑。

十七

黄：读冯友兰的书，他谈到人生的境界问题，有四个层次：

（1）自然境界。孩童是处于这一种。（2）和（3）是功利和道德境界。世人多归于这一层次。（4）天地境界，即是有一颗宇宙的心（或曰天地的心）。很少人能达到这一层次。孔子即是达到者。从某种意义上说，孔子是一种信仰，他是宇宙的使者，其思想是"普世真理"。

久园：像冯友兰这样的人，也只是达到他说的第二境界，还没有到第三个境界，和最普通的人，没有本质区别。观冯氏在"文革"时期的种种表现，可以证明这一点。冯的学问与他进入的境界无关，所以不要盲目崇拜知识抑或人。孔子也不要神化了，没有神，有神就会出问题。

黄：我赞同您的观点，而对于孔子，他绝不是神话世界里的白胡子老爷爷，他来自人间——尘世的人群当中。阅览他留下的话语，只觉得他是风趣幽默、可爱可敬、还有点"小怪癖"的老师和长者，散发着生活的气息，这是来自人间的味道。

久园：冯友兰所说的人生四境界，它前面的三个层次是西方的观点，后一个是中国的。中国人谈人生境界的有很多，精辟的也多，要么大得很，要么模糊得很，这是因为中国文化的弹性和包容度很大。中国古代有境界的人很多，有的很有名，但更多的是一些无名的处士，这些人往往行胜于言。

十八

黄：真羡慕您可以亲手种树，仿佛这样才能真正感受到春天和生命。很多年没有这种经历了。

久园：你种树的愿望其实不难实现，很多事情就像种树一样，不在于它有多难，而在于能否停下脚步伸出手来。许多人不能做到这一点，结果往往一事无成，这是一种心理障碍，也是一种行为习惯，这是失败的教育的一种表现。我希望我们的学生不是这样。

十九

黄：每个人都是有使命的。每个人的使命都是一个传奇。没有高、低、贵、贱之分。即使有的人的使命就是"活着"，而活着就已经了不起了。因此，所有的生命都应该被尊重！而平等、和谐而有尊严的活着是所有生命的特权，从生命诞生之日起……

二十

黄：放假又重新看了日本动漫大师宫崎骏的几部作品，每一次都有不同的体会。他的动漫作品多以女性为主人公，有人说他女权崇拜。也许与他的生活经历有关吧。他创造的故事总是温暖人心又引人思考。一个人的优点和不足只在刹那之间。一个角度看上去的不足，在另一个角度就可能是优点。其实也可用"特点"来描述，而"特点"有可能是一个人的"特色"。而"特色"就是一个人的个性。有个性才能有创造性。而这多需要理解、尊重、包容啊。

久园：是的。但要知道有个性的人才会强调个性，有思想的人才会强调思想，平庸只会要求平庸。教育只有去平庸，去统一，去标准，才会有独立之思考，自由之心灵。

黄：想起与一个高一女孩聊天，她的话很有意思：我是一本书，岂是读了几页就能读懂的？不是我难懂，而是我都不知道我这本书开始在哪里，意义在哪里，我一直在努力寻找，为我的书注入意义。我迷失过，悲伤过，也快乐过，而今我的书还在继续……多有趣的表达啊！多特别的女孩啊！坐在她对面，感觉如沐窗外朝气蓬勃的春天，生命的气息扑面而来……她活得多热烈啊！

久园：成长是个复杂的过程，有快乐，也有烦恼甚至痛苦。特别是高中阶段，我说过"人生关键高中始"，因为这一时期是学生个性形成，自主发展的重要阶段，但由于高考的原因，这个成长的过程被压缩了，也变得枯燥了，高中的学制如果能改为四年会更好。

虽然如此，我们还是努力把这三年变得更快乐、更充实、更有意义，如你所说，让我们的学生都有春天般的朝气。教研中心正在修订我们的校本教材《高中生涯规划》，学生要学会对自己的兴趣、特长、能力进行自我认识，学校要帮助他们培养出一种积极的态度，建立信心，锻炼本领，学会对未来有一个展望，关键时刻表现出勇敢和果断，而不是过于依赖别人的指导。

二十一

黄：最近给高一、高二、高三的学生上课和进行个体辅导，感觉他们的变化很有趣：高一稚气未脱，高二貌似"老道"，高三时仿佛突然长大了，会感慨"恍如隔世"。面对高一、高二一起牵手的男孩女孩，会笑着说"小孩子，幼稚"。请高三的学生对学弟学妹说一句话，多半说"好好学习，毕业并不是遥遥无期"。高三的他们真的长大了，学会为他人着想，学会独立，学会憧憬，学会珍惜……迎接高考是他们走向成人的纪念，就如有同学所言：仿佛过了那道坎，我就与"年少轻狂"说再见了，真是不舍和忐忑啊，茫茫人海当中，什么才是我安身立命的根呢?！在发展心理学上青少年的这种阶段被称为"自我同一性"时期，这当然也是一个哲学命题，即"我是谁"的问题。而这个问题是需要耐心、信心、时间和努力才能够解答的吧。

久园：你对三个年级学生的观察很仔细，是这样的，这样挺好。

对绝大部分高中生来说，迎接高考不仅是"唯一目的"，而且是"终身大事"。高考就是他们的"成人礼"。去年CCTV9制作了一个纪录片《高考》，一共有6集，非常好，是这个时代的真实记录，但我始终没看完，看不下去，感到很悲哀。为那些"只要学不死，就往死里学"的学生悲哀，为同样日复一日付出全部心血只为那一天的老师悲哀。就像网友评论的那样，在高考的体系下，"那些本来应该可以帮助我们更好地认识这个世界、更好地生活的知识，却在这部纪录片里表现出如此阴暗的一面"。除了网友痛斥的那种"落后的味道"，我从纪录片里还看到了教育的不公平，它们都让人深感不安。

二十二

久园：2014年度诺贝尔物理学奖得主中村修二最近在东京的驻日外国记者协会举行记者会，抨击了日本的教育制度，称大学入学考试制度非常糟糕，中国和韩国也都有类似情况，所有高中生的教育目标都是考入著名大学。他认为亚洲的教育制度是浪费时间，年轻人应该学习不同的事情。

中、日、韩三国都是以应试主义和学历主义闻名的，这势必要拉长高中生每天在校的学习时间，而以中国学生每天的学习时间最长。中村警告说，学习时间过长，意味着复习时间所占比重过大，其结果是学生的想象力、创造力逐渐被扼杀。

中村说，当今社会需要的是具有创造力、充满好奇心并能自我引导的终身学习者，需要他们有能力提出新颖的想法并付诸实施。不幸的是，如今的教育完全忽视了人与人之间异常美妙的多样性与细微差别，而正是这些多样性与细差别让人们在智力、想象力和天赋方面各不相同。

二十三

黄：读一本书，有一句话很有趣："我认识的人越多，我越喜欢狗"。是法国大革命时期的政治家罗兰夫人所言，梁启超说她是近代世界第一女杰。她在临刑前对自由神像还说过一句话："自由，多少罪恶假汝之名进行。"……

久园：罗兰夫人的话太悲观了，越是善良的人越容易悲观。然而不幸的是她的话还是一次次被历史验证。以自由的名义进行罪恶的活动，最臭名昭著的例子是二战时期纳粹德国在集中营门口挂的一块牌子，上面写着："劳动带来自由。"所以我建议你看看《一九八四》、《动物农场》之类的书，对你研究心理学有帮助。博士们只看弗洛伊德或荣格是不够的。

二十四

黄：星期六买了一本《唐诗三百首》，慢慢读有一种沉静的美。心融在诗里，诗沉在心底——想想以前错过多少宝贝啊！外国的心理学讲各种放松，也只是放松，而读古诗岂止是放松？还有进入空明、微妙的境界的感觉。

诗由心生。王维李白他们的诗就是其心灵的歌。想必读完一个人的诗就懂得了一个人，很期待可以通过诗和古人有一段会心时刻。他们的灵魂一定就藏在诗里。

比如，只有静的人才可以写的诗：

空山新雨后，天气晚来秋。明月松间照，清泉石上流。

只有充满想象力和无比天真的人才会说：

举杯邀明月，对影成三人。我歌月徘徊，我舞影零乱。

多羡慕古人的纯粹浪漫啊，无论怎样的经历都能化为或悲或喜，或伤或怨的诗篇。这是真正的"诗意的栖居"。

久园：《唐诗三百首》选得好，所以才流传不废。古文选得好的有《古文观止》，学生能把这两本书熟读领会，语文自然就学好了，人生的底子也打好了。

《古文观止》中最后一篇是《五人墓碑记》，这五个人都没有什么知识学问，但是读过《五人墓碑记》的人，没有不对他们肃然起敬的。所以我说知识不是最重要的，培育高尚人格、具有正直的品质才是最重要的。

培养浩然之气，是孟子的教育。

二十五

黄：今天我们有一个5·25校园活动，同学们从准备、组织到执行，是如此认真和投入，让人感动。我们今年安排的活动之———"爸爸、妈妈，您在他乡还好吗"，源于最近咨询中听到的故事：母亲节来了，对在外务工的妈妈说一句祝福的话，却是那样难以张口，妈妈一直在外务工，已经仅仅只是概念上的妈妈，没有情感上的体验和温暖……听了很心酸。

我打电话给这个"概念上的妈妈"，说起她孩子的这些想法，这位妈妈哭了很久很久。这个活动很多同学都参与了，看着孩子们趴在那里写出对父母想说的话语，心里有说不出的滋味……在这样一个资讯发达的时代里，世界上最亲的人却那么疏远……

书写文字寄托思念的"书写时光"在这个时代里是最昂贵的了！今年的活动多是体现"书写时光"，就是想给同学们一个和内心交流的机会，一笔一纸就是简单的幸福时光……

简单的幸福时光还有就是身边的人、在意的人平安，健康的生活着、工作着……今年活动的主题是"爱自己 爱生活 爱自然"，也送给您，敬爱的校长先生……

久园：活动我看了，很好！因为活动，才有自我，学生才能更好成长。所以我不断说多搞活动。活动也是课，是最典型的绿色课堂。还有社团，我们成立了四十多个社团，包括你们的心语社，有专项经费保证你们开展活动。外面有人批评我："社团是干什么的？

要社团有什么用？它能帮助学生考上大学吗？"这一类的话还有很多，我都不管它。我在今年开学工作会议上说："放平心态办教育，坚持理想办教育。"放平心态，就是要静下心来教书，不急功近利；坚持理想，就是要坚定信念育人，不随波逐流。

黄：是呀，功利化已经把教育的本质驱逐了。在这个形势下"坚持理想办教育"几乎是打一场战争，需要真勇气，以及产生这种勇气的信念。要坚持啊！

二十六

黄：常常有一些来访的高中或初中学生谈早恋的话题。当他们打开心扉讲述懵懂的情感纠葛时，很难一概而论，简单说教。有一次一个高二女生来心语室说起这个话题。她说她曾去过您的办公室和您聊天，并问过您对高中生恋爱的看法，您的回答很有趣：早恋仿佛是天空中飘浮的一朵云，它看上去很美。天空中的云是千变万化的，有时会随一阵风散去，无影无踪；有时会化成一场小雨，打湿地面。但无论怎样，云终究只是云，你能把它抓在手里吗？

很赞同您的这种表达。是呀，千变万化的青春里，是盛不下太多道理的。有时，也许静观其变，因势利导更合适。

久园：我是说过这样的话，只不过没有学生说出来的好听。中学生恋爱是青少年在成长过程中出现的正常现象，如果认为它不正常，也要知道青春期的正常是通过不正常表现的。对于这个问题，几十年来我们都采取禁止的态度，有位老师还给我写了十几条"严防严治"的建议，我看了之后对他说，你不能提出一些不同的建议吗？比如开展性教育之类。

禁止学生使用手机的建议更多，其中有建议我学习某个学校把学生的手机搜查出来后直接丢到水盆里的。我问他，除了没收还有没有更好的办法？手机难道只会玩游戏吗？不会学习吗？不可以和家人通话吗？

我们总是习惯于禁止，习惯在学生面前表现出一种简单的、甚至粗暴的态度。至于效果则几乎没有，有时还适得其反。

二十七

黄：有报道说教师的心理健康水平仅次于消防员、警察和货车司机。从我接访的情况看并非夸张。超级学校的教师情况更差。老师无暇顾及自己，而不顾及自己的人，你让他如何顾及每一个学生？

久园：学校规模过大，不仅影响教师的心理健康水平，也严重影响学生的健康成长。这个问题国内外比较一致的看法是：大规模学校学生享有的教育关照度低，教师职业倦怠现象严重，行政管理僵化，校园安全隐患多。此外，还与辍学率升高，学生学业成绩下降，师生关系、学生间人际关系水平下降，学生社会行为恶化等方面存在关联。但是这些问题还没有引起我们重视，也没有采取有效措施降低学校和班级规模。

二十八

黄：今年安徽的高考作文题看了吧——《蝴蝶翅膀的颜色》，被网友视为史上最"奇葩"的作文题。还有2012年的作文题《梯子不用时请横着放》，不知你看了会怎么想？

久园：这让我想起当年独霸天下的某个高考复习资料，因为题风诡异，"几乎让人做一次疯一次"。还有，连续有几年高考的数学命题都太难，及格率都很低，对学生的打击和伤害是非常严重的。我在考点巡视的时候，看到不止一个考生离开考场时伤心地哭起来，心里比学生还难受。为什么要这样，值得反思。

黄：这是应试教育的特点决定的。应试教育之所以能代表现阶段中国的教育，离不开高考这个"指挥棒"的指挥。

久园：可以这么说。因为有这个"指挥棒"，这么多年来，素质教育、课程改革都举步维艰。教育部基础教育课程改革专家工作组组长、华东师范大学的钟启泉教授有一次在会上很激动地说，抵制课程改革的首先是中学校长和所谓的名师。钟教授本来是很斯文的，但那会儿却是非常气愤的表情。中国教育有个令人不安的"钱学森之问"："为什么我们的学校总是培养不出杰出人才？"或者最好从另一个角度追问："为什么我们的学校没有教育家？"没有人深究这个问题，我们的学校还是继续抓应试教育，社会还是用高考来评价学校"质量"的高低。我们有的是专家，但绝大多数是高考专家，怎么复习，怎么训练，出了很多"纠错宝典""模拟""仿真"的书。《儒林外史》中马二先生卖的也是这类书——《历科墨卷持运》，我们在很大程度上只是马二先生，甚至不如马二先生。我们没有想过要做教育家，或者像教育家那样思考。没有教育家，怎么会有杰出人才？

黄：所以您说教育必须"转型"，现在还看不到这个迹象。

久园：应试教育瞄准的是高考，高考本质上是资源的竞争，再具体一点讲是生源的竞争，所以从初中到高中到大学，生源大战一年比一年厉害。就因为在当下，没有"优质"生源就没有高考，也没有名校，一般学校再努力也不行，造成学校之间发展越来越不平衡。所以大家都争先恐后地抢生源甚至垄断生源，不是抢的对象的，不会重视，农民工的孩子，连上学都困难，导致教育生态越来越恶化。教育"转型"的问题到了不考虑不行的时候了。

二十九

久园：莫言在今年"两会"上建议，中小学"633学制"时间太长了，应从12年改为10年。莫言认为12年时间太长的理由没有说，但却使我想起勒庞在《乌合之众》一书中引用泰纳《现代政体》中关于教育的评论："在教育的三个阶段即儿童期、少年期和青年期，如果从考试、学历、证书和文凭的角度看，坐在学校板凳上啃理论和教科书的时间是有点长得过头了，而且负担过重。即使仅从这个角度看，采用的办法也糟糕透顶，它是一种违反自然的、与社会对立的制度。过多地延长实际的学徒期，我们的学校寄宿制度，人为的训练和填鸭式教学，功课过重，不考虑以后的时代，不考虑成人的年龄和人们的职业，不考虑年轻人很快就要投身其中的现实世界，不考虑我们活动于其中、他必须加以适应或提前学会适应的社会，不考虑人类为保护自己而必须从事的斗争、不考虑为了站住脚跟他得提前得到装备、武器和训练并且意志坚强。这种不可缺少的装备，这种最重要的学习，这种丰富的常识和意志力，我们的学校全部没有教给法国的年轻人。"勒庞在注释中说，这是泰纳最后写下的文字，它们令人肃然起敬。勒庞认为，从上小学直到大学毕业，一个年轻人只能死磕书本，他的判断力和个人主动性没有任何用处。受教育对于他来说等于背书和服从。勒庞引用法国的一位教育官员的话说，学习课程，把一种语法或一篇纲要牢牢记住，重复得好，模仿也出色，这实在是一种荒谬的教育方式，它的每项工作都是一种信仰行为，也就是认为教师不会犯错。这种教育的唯一结果就是把自我贬低，让我们变得无能。

三十

黄：最近配合省教育厅做新高考改革背景下普通高中课程改革情况的调研，重点调查选修课开设情况和走班教学情况，发现各个学校都做得不好或者只是形式，有的连走班教学还不是很清楚。开展这项工作为什么这么难？

久园：走班教学在欧美国家中小学校是非常普遍的教学模式，学生上课不是老师走进教室，而是学生走进老师的办公室。学生没有固定的教室，只有老师的办公室是固定的，学生上什么课就去找教这门课的老师。之所以这样，是因为他们为学生提供了丰富的选修课程——一般会开设一百多种课程供学生选择，有的更多，以满足学生不同的兴趣爱好，培养学生的专业技能，促进学生个性的发展。

我国普通高中课程改革搞了十多年了，实际上是学习欧美国家的做法，但为什么一直没有实质性进展？还是因为我们的学校和校长们都认为，搞这个东西，跟高考非但没有关系，甚至还影响高考，而这个后果是很严重的。

我是个理想主义者，是课程改革的坚定支持者，尽管做得不好，还是顶住压力坚持做。有些选修课开得还是很不错的，你们的心理教育更是在全市有名，走班教学就是这样的。

158　　三十一

久园：一位老师也是一个孩子的妈妈请我给他推荐一本书，好在暑假里看。我送她一本史蒂文·兰兹伯格的《一个经济学家给女儿的忠告》，并对她说，不要认为你从事的工作跟经济学无关，就习惯性地对身边有价值的东西视而不见。

兰兹伯格很爱自己的女儿，但是他认为，"如果她在高中时总是拿全优回家，那将是一个令人担心的发展趋势。一个青少年，如果不去忽略她的学校作业，她就无法去发展她强烈的激情、兴趣和雄心。"他说："努力构思一首好诗，设计一辆更好的自行车，或者是完成纽约马拉松赛，相比拼命去通过高中的经济学考试来说，是一种更高层次的内心的呼唤。"

三十二

久园：我很赞成这样的一种观点：无论孩子走什么样的生活道路，只要幸福，只要成功就好。简单地说，只要孩子"不出局就好"。

三十三

黄："树"在心理咨询上有丰富的涵义。我常常也会用它来理解来访者。它具有很深刻的生命意象。树是生命的原型。教育者要有一颗培育植物的心，只有把这株植物培育好了，才是一个真正的教育者。河合先生曾建议教育者要在心中拥有一株植物的意象，很有道理。而您的心里又岂止一株植物的意象呢……

三十四

黄：世人会在风沙侵袭地带建防护林，会在下雨天撑一把伞，在寒冷时穿暖衣。却不知道在自己的心中设一"隔离带"，隔开伤害，免得让心灵裸对，并深陷囹圄。其实可以有"隔离"，比如植一片"树林"……

久园：什么隔离带？为什么要设隔离带？《中庸》说，君子素其位而行，无入而不自得焉。设隔离带，把自己保护起来，不如安然面对。我们已经培养了太多的脆弱的心灵，各地都发生过学生跳楼等极端事件，以致有的中学把整个教学楼都用铁窗封闭起来。这里面不仅仅是因为高考的压力，还是因为学生抵抗挫折和抵御伤害的能力缺乏。给学生提供完整的教育，学校、家庭以及社会都有责任。

三十五

黄：教师节来了。想起自己曾经的很多老师，也想起了自己曾经的学生时代。我现在也是一名老师。如果我遇到以前和"我"一样的学生，如何做会更好呢？

小学时，"我"会很爱很爱我的学生们，因他们纯真的脸和水晶般纯洁的心。我会给他们讲故事，带他们去自然的怀抱里撒野，和他们一起欣赏音乐，看夜晚的星空，捕捉萤火虫的光亮，我还会和他们一起把心中的美好唤醒……

初中时，我会是一位知心的朋友。我们互相信任，欣赏，鼓励，一起唱摇滚，一起品武侠，一起流泪，一起微笑，一起梦想，一起成长……

高中时，我希望我是有人格魅力的"我"。虽然我的学生知道我有缺点，有短板，有怪癖，有无知，有失控，有情结。但他们依然在心里把我称为"魅力老师"。我还希望我是一部打开的教科书，以此让我的学生明白学会辩证看待万事万物是多么重要，能不盲从，要有想法。并且不尽信"教科书"，有独立的思考和自我，勇敢走向远方……

大学时，我希望我没有被名和利完全束缚。我还能备课，我还知道我学生的名字，我下课时走的不那么匆匆，我希望不靠点名就能把学生吸引到我的课堂，我希望我的课成为学生每周的期待，并成为他们大学的美好时光。他们口里可以直呼我的名字，但他们心里把我当成老师。我希望他们毕业还记得在教师节给我祝福。我希望我曾经给他们带来光亮和希望……

但，其实，我依然是学生……

在"人间"这所学校里，我希望我可以成为最虔诚的学生。向美妙而神秘的自然学习，向丰富而不复杂的人性学习，向优美而又浸润内涵的艺术学习，向痛苦学习，向孤独学习，向脆弱学习，向纯真学习，向简单学习，向阅读学习……还有向生命中真正能称为"老师"的人学习！

三十六

久园：经常有学生问我："您最崇拜的人是谁？"去年我回答是南非前总统纳尔逊·曼德拉，他是自由与和平的化身。现在，你也问我同样的问题，我想还有一位，那就是刚刚去世的新加坡前总理李光耀，一位极具世界眼光的人。我读《李光耀观天下》等书，明白了为什么新加坡能够成为世界上治理最好的国家，而且是世界经济的中心。这样的国家必然有完善的教育，我看到新加坡教育部写给学生家长的一封信，印证了我的想法，读到这样的信，真是让人激动不已——它是我看到的最好的教育宣言：

"人民是我们最珍贵的资源。每一位公民都很宝贵，也有他独特的贡献。每一个人都能通过教育充分发挥他的潜能，利用他的才华和能力，使社群和国家受惠，并过着充实惬意的生活。

"每个孩子都必须鼓励，尽其所能完成教育制度下的课程……。教育制度必须有伸缩性，能够配合在身心、情感和社交方面不同程度的发展。

"每个孩子必须学习对自己的工作感到自豪，不论做什么事都尽全力做好，并珍惜和尊重正直的工作。

"教育使我们吸收技术和知识，并培养正确的价值观和态度，从而使个人的生活、国家的生存与成功都能获得保证。我们必须学习自力更生，同时又能够和他人紧密合作，我们必须保持个人的竞争力，同时又具有强烈的社会意识。我们的思想和见解必须有伸缩性，以便能够不断适应迅速发展的世界。我们必须有坚定的道德观，才能在价值观转移的世界里认定方向……"

三十七

黄：今天听您和张晓明老师谈关于学生阅读书目的问题，感到您是一个开明和开放的人。我也发现有的学校向学生推荐的阅读书目或"必读书目"里的一些书，等于是硬塞给学生的，而学生喜欢的书反而没有。是不是因为我们太注重"教育"了呢？

久园：注重"教育"是对的，但"填鸭式"是没有"教育"的。推荐书目本身就是一种引导，如果推荐的书中有"假大空"或"高大上"的东西，学生就不会喜欢。

真正"高大上"的东西学生也会接受的，比如我说学生要看"三大宣言"——《美国独立宣言》、《共产党宣言》、《世界人权宣言》，对人一生的影响都将是很大的。

三十八

黄：读书到"历史观"部分，不解。"历史观"是什么？不同的人、不同文化背景下的"历史观"不同，主要是受什么影响？我们的历史观是什么？它受"哲学观"的影响吗？与"哲学观"是什么关系？什么是"哲学观"？

久园：你提的问题不好回答。许多问题都是不好回答的，而我们习惯于给出所谓正确或标准答案，这样的答案往往靠不住。正是因为不同的人，不同的文化背景下的历史观不同，所以"我们的某某观是什么"既不好回答也不是好题目。

中国文化的理想状态是和而不同，或曰求同存异，就是同中有不同，虽然不同难以做到；西方文化是在不同中求同，虽然同难以实现。这是中西方文化的差异。因为差异使得理解不同，所以最好就像你说的，不要以现有理论否定我，也不要以固有理论判断人，判断学生回答的各种各样的问题。

黄：是的。一段时间里，我想"和而不同"中，"不同"容易，且理所当然。而"和"很难。所以被求"和"而困。但渐渐的，我又改变了想法。我想"和"看上去容易一些，而"不同"很难。其实我们需要"和"，更需要"不同"。

三十九

黄：今天读了德富芦花的《自然与人生》中的《月夜朦胧》。他的文字简洁、凝练，仿佛字字都雕刻了一般，字里行间弥漫着通透和美。

久园：樱花与和服是日本的象征，也是产生这类文学的源泉。德富芦花的散文词采优美，色彩斑斓，正是从日本古典文化所蕴含的人与自然非常和谐的氛围中"染"出来的。芦花又是一个人道主义者，他是要通过优美的或哀婉的描写来实现他的主张。在他那里，自然与人生完全是一回事。

四十

黄：下午在书店买了三本书，其中很喜欢的是《朱光潜散文》。说是散文，其实是随笔性质的，是对某个问题的专论。读了几本这种性质的书，都是大家的，但感觉还是培根的随笔最好：精炼、深刻、优美。培根一定是开了随笔的先河，以后也无人能及吧。

久园：培根随笔当然好，你说他一定是开了随笔的先河，也许是对的，他和蒙田都是较早致力于写随笔的人。蒙田的随笔你也会喜欢。西方哲学发达，具有哲学性质的随笔才很多。他们的文学有那么多流派，有些现代派的东西如意识流小说比哲学还难懂，正与哲学特别是心理学有密切关系。

其实中国的随笔起源更早，除了诗歌，没有比它更发达的了。《论语》、《老子》都可以看做是随笔的源头，但这是两个传统：《老子》是哲学的，后来这个传统断了；《论语》是生活的，后来这个传统被发扬光大。中国文人，都是写自己生活的，正如蒙田所谓"吾之作品素材，即吾人也"。不是写自己生活的，很少有好的作品。

黄：蒙田随笔我有一本，但翻译不好，感觉不够通达。阅读有时也如行路，心情舒畅才能尽览美景。读随笔则是晚饭后的惬意漫步，要悠然自得。可是读不好的翻译，全无此感，有如走一条生僻的小道，只能匆匆而过。

四十一

久园：我的一个朋友说，真理和谬误，有时是很难看清楚也很难说清楚的问题，但却是一个大问题。关心它的人很多，你不要管它。一管它就会认为自己掌握了真理，别人都是谬误。人类有一个恒久的普遍价值，敬畏它的人，即使离真理很远，也不会离谬误很近。

四十二

黄：读一些人的诗和他们的故事，感动于他们诗的优美和纯真，更感慨于他们活在现实世界的孤独和压抑，比如兰波、尼采、布莱克……人类天生就有反自然的倾向。我们能做些什么呢，也许如果幸运遇到这些可爱的人，可以欣赏、理解这些有着赤子之心的灵魂；也许当我们老了，我们可以回到最初，像孩子一般简单地生活，简单地快乐，简单地微笑……

久园：有两个世界始终是存在的，一个是你说的纯粹的世界，即精神世界，它存在于诗人、艺术家、哲学家甚至是革命家的头脑里；一个就是现实世界，有各种法律制度，维护着公平或不公平的秩序。孔子向往的大道施行的盛世，大约是这两个世界的融合。这两个世界，也许就是两条平行线，永远也走不到一块，但是这并不影响人们对它的追求，所以才有李白、尼采这样的悲剧人物不断出现。我最近读闻一多，他也是这类人，非得飞蛾扑火不行。

四十三

黄：最近看沈从文的书比较多，包括传记和他与妻子、友人的书信。喜欢他的文字风格、文字中的意境、文中的思想，说出很多我心中的想法，引起我的共鸣。比如他写《时间》，恰逢对"时间是什么"思考不得其解，他的《时间》给我许多启发。

美是他的上帝。他后半生研究历史文物甚至"废墟"，并发现、理解其中的美。因他的情，他研究的文物均有了生命和灵魂。

沈从文和巴金是好朋友，《从文自传》的代序是巴金写的《怀念从文》，非常感人。

久园：《怀念从文》写得好，还有《怀念萧珊》，都是巴金最动情的文字。巴金的中篇小说写得也好，比他的长篇好。

沈从文的书我都看过，各种版本的书曾收藏不少。最喜欢的还是岳麓书社出版的《沈从文别集》，是那种薄薄的小开本，素雅可喜。他笔下的人物和风情充满传奇色彩，令人着迷，有读《诗经》一般的感觉。所以我总认为，文学，是学生最喜欢也是最好的教育。可是现在除了几篇课文，学生沉重的书包里还能找到一本诗歌或小说吗？还有多少学生读课外书废寝忘食？他们有时间吗？

四十四

黄：上午说到《沈从文别集》，看到您忘我的神情，猜想您一定很珍惜这些书吧？

久园：是的，还因为它和一部分较早入藏久园的书，都是我的"贫贱之交"。这些你还体会不深。你虽然喜欢书，但还没有到"要命"的程度，对书本身的知识也需要了解。我让图书馆编一份简报

《泗水悦读》，里面有这方面的内容，你可以看看。有一类专门谈书的书，古代叫书目题跋，今天叫书话，你看了之后会发现原来爱书的人有这么多，并且比我们更爱书更懂得书。读书目或书话可以得读书门径，古人尤其重视。

黄：我对书话几乎没有接触过，对书本身的知识更是知之甚少。这一定也是一门学问，真是还有很多很多的未知啊。

久园：书话的起源很早，可以说起源于孔子。如《论语》里孔子评论《诗经》时说："《诗》三百，一言以蔽之，曰：'思无邪。'"评《关雎》，说："乐而不淫，哀而不伤。"这是《论语》里的书话。到了《庄子》，又进一步，已经对"五经"进行总结了。汉代对于儒家经典的研究，更加深入广泛，许多读书、藏书、传书、献书的故事感人心脾。《汉书·艺文志》第一次对书籍进行彻底的清理，《隋书·经籍志》又对书籍进行最后的分类，直到今天，研究中国古代的学问，都循此而来，没办法改动。喜欢书，是读书人的天性，富贵者坐拥书城，贫穷者苦中作乐，共同推动风气的形成。古代中国，其实是一个书香社会，即使在动乱之中，书籍遭受很大的厄运，亦有读书爱书的种子不绝。

四十五

黄：对于"人"怎么理解？遇到疑惑甚至颠覆您思想的片段时，您如何对待……"人"是个怎样的存在呢?! 那个时期、那个年代、那个背景、那种情感、那种种人性汇在一起……简直是一座迷宫……我所从事的工作常常带给我这样的困惑。

久园：孟子说，生于忧患，死于安乐。其实生于忧患的人，并非皆为安乐而来。你大概就是这样的人吧。许多思想家哲学家都是这样的人。哲学，特别是西方哲学，讨论最多的就是人的价值，人的存在状态，你也思考这些问题，让人敬畏。但不可迷路，不可消化不良，须知这是个永远思考不尽也没有结果的大问题。譬如高山，壁立千仞，不因攀缘不上而纠结；譬如大海，浩瀚无垠，不因无法越渡而苦闷。自然的伟大在于它的不可战胜，仰之弥高，钻之弥坚，瞻之在前，忽焉在后，有这样的迷宫不是很好吗？

四十六

黄：《幸福的种子》是日本图画书之父松居直的作品，写得非常好。我是通过河合隼雄的《绘本之力》对松居直的作品感兴趣并买来阅读的。河合隼雄和松居直一个是心理学家一个是图画家，职业不同。但他们对很多问题，诸如关于生活、生命的人类主题认识相同。并且他们的作品都是源于自己对生活的体验和理解，非常质朴真诚，娓娓道来，就是那些贴心的家常话和生活的片片段段，街头巷尾的商贩也会觉得亲切明白。丰富、细腻和深邃的情感是不同领域了不起的人物的共同之处，是整个人和热爱的职业的深度融合，这也是幸福的状态，也是那颗幸福的种子。愿我们都能拥有……

久园：能体会他人幸福的人，一定拥有这样的种子。能体会他人悲伤的人也同样如此。我没有看过你说的书，但我相信必须有一颗赤子之心，才能在看过之后由衷赞叹。拥有幸福的种子，就是拥有一颗赤子之心。

四十七

黄：读到您推荐的《西南联大的生活：九叶派诗人郑敏的故事》。摘几句："西南联大教育最大的特点，就是每个教授跟他所研究的东西融为一体的，好像他的生命就是他所思考的问题的化身。他们的生活就是他们的思想，无论什么时候都在思考。这对我熏陶极深，但是这种精神，我以后在任何学校、任何环境都找不到了。""联大的学生很自由，如同野地里的花花草草一样，肆意地生长着。""教授们也都创新，以讲自己的教材为荣，用现成的教科书是不光彩的事。"好的教育当如此吧。

久园：中国的大学，有两个奇迹，一个是蔡元培时期的北京大学，一个是抗战时期的西南联大。"中国梦"里应当有一个"教育梦"，历史上的这两个大学所表现出的大学精神或曰使命，正是我们的梦之所系。具体而言，可借冯友兰撰《国立西南联合大学纪念碑碑文》明之，即"兼容并包之精神，转移社会一时之风气，内树学术自由之规模，外来民主堡垒之称号"。

四十八

久园：《孩子与恶》好，帮我买一本。东亚各国都是所谓儒家文化圈的范围，他们探讨的问题，一般也是我们的问题，如抑郁或自杀的问题，值得严肃对待。

黄：好的。日本文化的确受儒家思想影响很大，但也有很大不同。很多著名文学作品、影视作品、包括心理学著作都有这方面的体现。

曾经思考过日本自杀率居高不下这个现象，从心理学角度分析，或许这与日本人对"彬彬有礼"文化的过度强调有关。从小到大内心备受压抑，到了青春期甚至成年以一种极端的毁灭性的方式如自杀加以宣泄，是极度退行的孩子气的幼稚行为。（自杀是毁灭自己以此攻击别人的幼稚行为）

另外日本是受母性原理影响很大的国家。所谓"大母神"即是。过度的母爱是一种让人窒息的束缚，会把孩子紧紧包围。自杀也是对母爱的极度反抗。（人类往往称赞母爱，但过度母爱往往造成孩子精神的死亡，最严重则是自杀。）

我们的文化"背景"是"活着"。活着是一切可能性和一切的基础。重版了60次的余华作品《活着》是这种文化的最好诠释。中国人的人性深处的"坚韧"是根深蒂固的。这或许与中国自古以来多灾多难、并在灾难中练就了这种坚韧的人格有关。最通俗的表达是"好死不如赖活着"。

又，读您的《教育是什么》。您昨天的话："梦想要在，这就是教育。"是最简洁、凝练的回答。

四十九

黄：儒家有太上立德，其次立功，其次立言的说法，第一次读这句话，觉得很了不起。

久园：著述一事，大抵古圣贤不得已而后作，非以立名也。古人还是重行的。修齐治平，也是这个意思。宋代的张载进而提出，"为天地立心，为生民立命，为往圣继绝学，为万世开太平"，这是儒家"道统"一以贯之的思想，所以说儒家思想成为中国思想的主流不是偶然的。梁启超认为，儒家哲学，可以用《论语》中"修己安人"一语括之。其学问最高目的，可以用《庄子》中"内圣外王"一语括之。这里面没有任何狭隘的动机，有的只是一种责任，或曰使命。

五十

黄：一个人是否只有理解自己才能理解他人？就如一个人是不是只有先相信自己才能相信他人，先尊重自己才能尊重他人，先悦纳自己才能悦纳他人，先包容自己才能包容他人，先学会爱自己才能爱他人，先倾听自己才能倾听他人……是不是自己是通往他人和世界的桥梁之一？是不是不懂他人其实是不懂真正的自己……

久园：你说的都对，似不必存疑。只有独立之思考，才有自由之心灵，所以独立思考是很重要的，学生能做到这一点，就是接受了好的教育了。希望我们的学生都能成为这样的人，而不是只会考试。昨天看到一篇报道，江苏某中学的老师在监考中猝死，有的学生已经听到老师的呻吟，却不敢救助，还有的以为老师是在打呼噜，如此，考再高的分数何用？教育不能忘记来时的路。韩愈说，师者，传道授业解惑也。传道是第一位的。传道就是要传生活之道，人生之道，社会之道。教育不能舍本逐末。

（黄敬整理）

"绿色课堂"大家谈

引言：面向未来的课堂

我平时听课不多，相比听课，我更喜欢与老师和学生交流。我的一位校长朋友则和我相反，每天必推门听课。我问他听这么多课的感受是什么，他说，没有什么，听课是管理教师、掌握教学的有效手段。我对他说，我并不担心这个，我只是感到，现在听课和我三十年前学生时代听课，几乎没有任何区别。他点点头。

这是 2009 年我参加校长班学习时和一位校长朋友的一次交流。回来后我对分管校长说，要改革我们的课堂，时代在变，眼前的一切都在变，为什么我们的课堂不变？课堂不变，教师不会变；教师不变，学生不会变。虽然课堂改革只是教育改革、课程改革的一个微环节，但是这个微观的改革，却是支持或反对改革的人都重视的一个关键环节。那时，江苏洋思中学、山东昌乐二中等学校的课堂教学改革正如火如荼，我们借助这个机会，组织大家参观学习，结合实际，提出了"绿色课堂"的教学理念。下面大家讨论的，就是对这个理念的具体实践。

课堂教学，最古典的方式，是以教师为中心的教学。受凯洛夫教育思想的影响，我国的课堂教学进一步强化了教师对课堂的绝对控制和教学阶段（教学环节）的过细预设。由于它无视儿童的存在，使得传统的课堂变得越来越僵化、机械甚至反人性。如今，代表这一教学形态的方式——教师在讲台上使用黑板和教科书讲授，学生记笔记，然后准备考试的做法，在欧美国家早已摒弃不用，但是因为它与我们的应试教育高度契合（如实际上的唯"双基论"），目前仍然是我国课堂教学的主要呈现方式。

另一种是以学生为中心的教学（建构性教学），代表着世界教育学及教学论的一种发展趋势。在传统的教学形态里，教师是权威的代言人；而持现代教学观的学者和教育工作者却认为，学生应当处于学习过程的中心地位，课堂应当为学生提供更多的思维与活动空间。即是学生要成为自己学习的创造者，教师则应当成为促进和鼓励学生学习的指导者。

日本著名的教育学专家佐藤学教授，长期访问和观察教室，他比较了以"教"为中心的教学（传统的、集体划一的教学）和以"学"为中心的教学（学生之间活动的、合作的、反思的学习）后，积极倡导后一种学习，并把在后一种情境下体验的教室称为"润泽的教室"，即是那种自由的、柔和的、用心相互倾听的教室，在这样的教室里，师生"共度愉快的时光"。（佐藤学《静悄悄的革命》）

课堂教学，应该以谁为中心呢？除了以上以教师为中心和以学生为中心这两个中心论外，美国心理学家、心理学和教育学教授斯滕伯格，另外提出一种综合的观点，即学生从不同教学方式的结合中学习。钟启泉教授赞同这种观点。他认为，教学过程的中心，既不是单纯的学生，也不是单纯的教师，教师和学生都是教或学的中心人物。

"绿色课堂"也赞成这个第三种观点，而更倾向于以学生为主体的综合学习。

"绿色课堂"反对模式，正如佐藤学所说，"没有哪一个教室和其他教室飘逸着完全相同的气息，或者有着完全相同的问题。"

"绿色课堂"鼓励创新，"追求教室中所创造出来的学习状况"，"共享课堂上出现的丰富多彩的事情、现象的那种热情和富有朝气的精神。"（《静悄悄的革命》）

　　"绿色课堂"不赞成限制学生的思维以及教师实践的自由与创造，所以我说"绿色课堂"是一种理念，不是模式。当一种学习方式成为模式时，它必然僵化并走到我们期待的反面。我们开发的学案以及学纲，也不是要求老师和学生必须严格遵照执行的标准版本，而是如日本教师的"学习设计"，需要师生在教和学过程中二次开发或自我开发。

　　山东杜郎口中学和昌乐二中的课堂教学改革，曾经是国内最著名的"教学范式"，特别是杜郎口中学的撤掉讲台，搬走讲桌，实行小组合作学习、"兵教兵"的教学改革，的确可以称为"革命性的改变"。但他们最终还是沦为一种固化的教学模式（"10+35"模式、"271"模式），追求的还是一种以提高考试成绩为目标的"高效课堂"，没有把课堂放在课程改革的背景下，放在教育的目的是为了培养和谐的、全面发展的人的问题上去思考更广阔、更深入的教学改革。

　　现在，各地的课堂教学改革更加多元化，而往往鱼龙混杂，使人眼花缭乱，包括出现至今还很热闹的"同课异构"这样的伪命题。

　　"绿色课堂"在这些形形色色的探索中，还只是一棵嫩芽，虽然它已经进行了五个春秋。但是我仍然希望它不急功近利，不随波逐流，而是更加以人为本，尊重规律，默默实践。

　　"绿色课堂"是一个"大课堂"，是面向未来的课堂，是学会思考、培养能力的课堂，是教学相长的课堂。生命之树常绿，"绿色课堂"要与时俱进，需要我们不断地探索、实践，丰富它的内涵。

（久园）

理念篇

　　解士敏："绿色课堂"，是巩校长经过长期的思考，于2011年10月提出的一个概念，作为安徽省课程改革专家咨询委员会委员和学校课程改革领导小组组长，巩校长还连续发表了《解放思想，提高认识，全面实施课堂教学改革》、《落实课改方案，打造绿色课堂》、《建设绿色教育文化，促进学生健康成长》等一系列讲话和文章，引领学校课堂教学改革方向。

教育的目的，是促进人自由而全面的发展。根据巩校长的阐述，我校的"绿色课堂"，就是要通过运用启发式、探究式、讨论式、参与式的教学方法，改变学生被动学习的状况，促进学生自主、合作、探究学习，让课堂活起来，让学生成为学习的主人，获得学习的能力。"绿色课堂"是一个理念，不是模式，它的"关键是更新观念，核心是提高效率，方式方法是自主、合作、探究、讨论、参与，目的是教学生学会学习"。

2013年2月，巩校长在开学工作会议上又做了进一步说明："我校的绿色课堂要体现教育的本质和课改精神，它的主要任务是树立生态教育观、实现三个转变：从教到学的转变，从单一型课堂到多元型课堂（如讲授课、实验课、讨论课、综合课、实践课等）的转变，从只关注学生学习到关注学生发展的转变。"巩校长认为，中国高中教育改革和发展的趋势是多元化发展、特色发展、全面发展和有个性的发展。学校要发展，根本靠改革，我们就是要通过改革，来实现我们"办人民满意学校，育优秀素质学生"的目标。

巩校长要求，思想上要更新观念，提高认识，行动上要敢于探索，不断创新。变是常态，教育归根结底就是教学生适应变化。要改变老师灌输式的教学方式和学生被动的学习方式，使老师由主讲变为主导，学生由被动学习变为主动学习。

"绿色课堂"教学理念的提出，是教育改革形势下的必然要求。人本主义潜能理论认为，人类天生就具有趋向完美、谋求自身充分发展的基本动机，只要有适当的机会和环境，个体就将致力于自我发展，使其身心各方面潜能都能得以实现。因此，人本主义心理学家呼吁教师不应该以指导者的身份自居，不应该"理所当然"地认为自己应该告诉学生做什么和怎么做，而是应该成为学生自我发现和自我探索过程中的"促进者"。

建构主义认为，知识是学习者在一定的情境即社会文化背景下，借助其他人（包括教师和学习伙伴）的帮助，利用必要的学习资料，通过意义建构的方式而获得。建构主义提倡在教师指导下的、以学习者为中心的学习，教师是意义建构的帮助者、促进者，而不是知识的传授者与灌输者，学生是意义的主动建构者，而不是外部刺激的被动接受者和被灌输的对象。

多元智能理论认为，个体身上相对独立存在着与特定的认知领域和知识领域相联系的至少八种智能——语言智能、节奏智能、数理智能、空间智能、动觉智能、自省智能、交流智能和自然观察智能，多种智能在每个人身上以不同方式、不同程度组合，使得每一个人的智能各具特点。多元智能理论强调学校教育的改革必须重视"学生个体的差异"，教学应该具备如下特点：教学目标的全面性，教学过程的生成性，学生角色的主动性。

这些观点，得到了普遍的认同，它们与马克思主义认识论和人的自由充分全面发展学说，共同构成我国课程改革的理论基础，同时也是"绿色课堂"所倡导的理念。

巩校长在多次会议上强调，教育要培养青年一代适应明天的社会和要求，培养广阔的世界观、人生观和价值观；不仅要有较好的学业成绩，更要培养孩子各方面的能力，发展他们的爱好和特长，具有正直的品质和健康的生活情趣，能自觉担负起对家庭和社会的责任。这些正是"绿色课堂"所追求的学习目标。

实践篇

蒋成超：为推动课堂教学改革，打造绿色课堂，2011 年 10

月，学校教科研中心制定了《利辛高级中学绿色课堂基本标准》。通过各种形式和措施，不断推动绿色课堂建设，包括持续开展听课评课活动、课堂观察活动等，开展绿色课堂展示活动，观摩活动，开放周活动，教学竞赛活动等。同时，在技术层面，进行必要的引领，下面是我们一直在使用的课堂观察记录表。

绿色课堂观察记录表

利辛高级中学绿色课堂委员会　　　　　　　　　　年　　月　　日

时间	地点（班级）		课题	
观察者	姓名		所教科目	
授课者	姓名		所教科目	
观察点一		学生学习方式的转变		
	观测点			评分
观察 记录	1．自主学习情况（10分）			
	2．合作学习情况（10分）			
	3．展示交流情况（10分）			
	4．学案完成情况（10分）			
	5．积极思考、表达观点、质疑、反思及解决问题情况（10分）			
观察点二		教师教学方式的转变		
	观测点			评分
观察 记录	1．导学情况（10分）			
	2．点拨、串联、升华情况（10分）			
	3．学案使用情况（10分）			
	4．运用启发式探究式讨论式参与式的教学方法情况（10分）			
	5．关注学生发展情况（10分）			
总分 等级	评价等级（A，86-100；B，71-85； C，60-70；D，59分以下）		总分	
评价 建议 与 交流 情况				

张金宏：绿色课堂，关键要解决好一个问题，即是由"教"的课堂，转变为"学"的课堂。为此，我们年级自主研发了帮助学生学习的学案。把编写出高质量的、有校本特色的学案，作为广大教师实施绿色课堂、提高教学效率的一个重要抓手。

编写学案的基本原则有：与教材紧密结合，体现导学性；体现学生主体性，教师主导性；尊重学科特点，体现学校特色；追求教学实效。学案的基本结构为：①导言，主要包括三点内容——学习目标、学习重难点、学习方法；②课前自主学习，主要包括四点内容——背景资料，教材解读，自测题组，我的问题；③课堂合作探究，就是设计好分组讨论的问题，把学生要掌握的重点、难点用问题的形式呈现出来；④总结练习，主要包括三点内容——知识框架图、练习设计、我的收获。

在绿色课堂建设中，学案在引导、帮助学生学习教材，发现自主学习中存在问题、并启发学生思考、提出新的问题方面，以及在引导小组合作学习、课堂互动、解决问题等方面，都发挥了越来越多的作用。

在绿色课堂实践中，我们年级各班注重建设学习小组。

为了便于开展工作，采用行政小组和学习小组合二为一的划分形式。

建立小组。小组在学习方面的基本职能有合作探究，展示成果，检查督促。小组一般由6名学生组成，采用组内异质、组间同质的方式划分。

培养小组长。小组长的基本条件是工作热情高、组织能力强、学习成绩好、在同学中有威信。班主任放手工作，同时细心观察，及时指导，帮助小组长不断提高工作能力。

小组管理。一是给小组命名。全组成员共同磋商，为小组取一个积极向上、富有新意、响亮而有激励作用的名字，以利于凝聚人心、形成小组目标和团队精神。二是落实小组长的职责：管理小组日常事务；组织讨论和层次间的研究解疑；落实本小组每天学习的内容；评价小组成员的学习态度、学习效果，每周一总结。三是明确每位成员的任务：6名成员各负责一个学科，在组长的统一领导下搞好本学科的小组合作学习、学习任务的检查、对小组成员的评价等工作；在班级课代表的组织下研究本学科的学习。四是小组成员分层讨论，分层达标，让不同层次的学生在课堂上都能实现"跳一跳够得着"的目标，让每一个学生享受成功学习的快乐。五是评价小组。班主任和任课老师对各小组的品德表现、纪律情况、学习状态、学习结果每节课一评价，每天一总结，每周一公布。

我们着力于建设充满生机和活力、洋溢着成长气息的课堂。以下几个元素尤为鲜明突出。

自主学习。老师树立"学生是学习的主人、是课堂的主体"的教学观念，信任学生，尊重学生，保证学生自主学习的时间和空间。建立机制，保证自主学习的质量，对学生完成学案的情况，采用小组检查、老师抽批的方法，保证学生按时、按质、按量完成课前的自主学习任务。

小组讨论。围绕学案上设计的问题，各组组长组织本组学生讨论，形成本组的学习成果，提出本组解决不了的问题和发现的新问题。

展示交流。小组展示主要采用板书和解说相结合的形式，展示结束由其他组点评，教师引导、补充，形成结论。

教师主导。自主学习、分组合作学习、小组展示质疑，突出了学生的主体作用，在此过程中，教师发挥主导作用，通过点拨、讲解、串联，引导学生的思维走向明晰、深刻，帮助学生构建知识体系。

绿色课堂，老师讲的少了，并不意味着老师轻松了，而实际上，对老师的要求更高了。以前老师只管按照备课内容讲课，讲完就行，现在不一样了。老师的主导作用的发挥在以下几方面尤其重要：第一，明确每节课的学习重点和要达到的基本目标。这一般要通过集体备课完成，在每位教师的大脑中建立清晰的目标体系，明了学生通过学习活动在每个"点"上要达到的程度。第二，明确学生在每个学习重点上通过自主学习和合作探究能够达到的层次。认识学生的知识水平和学习能力，明了他们在每个"点"上通过自主学习、合作探究思维能够达到的层面，认真分析他们在某些地方产生疑问、思考不出来的原因，预设介入的策略。第三，引导学生在思维肤浅和壅塞时转换角度，走向深入。学生在分组讨论、展示质疑中往往会出现认识肤浅和思考不出来的情况，这时教师要及时发挥主导作用，运用课前预设的介入策略，结合课堂上的实际情况，引导学生转换思维的角度，寻找解决问题的办法。帮助学生清除壅塞，实现畅达；摆脱肤浅，走向深刻。第四，帮助学生内化知识，形成系统，完成迁移，提高解决实际问题的能力。学生通过"自主学习—小组讨论—展示质疑"这一过程，学习的积极性和主动性得到较为充分的发挥，在知识的获取上效果明显；但是在实现知识的转移、形成解决实际问题的能力方面则显不足。这主要是由于在这一学习过程中没有突出对知识的整理和系统化。所以，教师在"展示质疑"结束之后，要适时帮助学生梳理本节课的学习要点；甚至在一个章节、一个模块结束之后，单独设计总结课，和学生一起梳理本章节、本模块的知识点，前勾后连，形成系统，实现内化，从而提高学生运用知识的能力。

伴随着教和学方式的转变，课堂教学评价也发生了相应的变化。

一是把对学生的评价重心转移到学习习惯、学习能力、学习品质上来。掌握知识的程度，考试成绩的高低，当然是评价学生的重要维度之一，但不是唯一的维度，甚至不能作为最重要的维度。最

179

重要的评价标尺是学习习惯的养成情况，学习能力的培养情况，学习品质的提升情况。也就是说，要把过去以根据考试成绩评定学生的结果性评价为主，转变为以根据学习表现评定学生的过程性评价为主。

二是把对教师的评价重心转移到组织学生讨论和展示、点串问题和拓展学生思维上来。我们在对教师完成教育教学任务的情况进行考核评价时，同样不能以学生的考试成绩作为衡量工作质量的唯一标准。我们要对每次考试进行分析，要从分析中找出每位教师在教学中存在的问题，更要观察、记录每位教师在课堂上组织学生讨论和展示、点串问题、拓展学生思维的情况，看他有没有真正把"学生是学习的主人，是课堂的主体"这一基本理念贯彻到教学行为之中。

何孟春：2015年7月，根据巩校长提议，在总结学案的经验的基础上，我们年级开始打造学案换代升级版的绿色课堂教学辅助材料——学纲，取得了明显效果。

举英语学科的例子。有一个使用学纲后英语学科成绩变化的数据。比较高一期末亳州市统考与高二上学期期末亳州市统考的英语成绩，可以发现英语成绩进步明显，在亳州市同类学校中都是比较突出的。（相关学校以"**"代表）

成绩提高的因素很多，学纲的开发和使用是一个重要因素。

学校教科研中心编发的《校本学纲的编写与使用工作意见》指出，作为指导学生自主学习和精要训练的辅助材料，编写和使用学纲的基本原则为"精要""实用"；基本栏目设"学习目标""内容纲要""重点难点解析"和"精要练习题"四个栏目，倡导不同的学科，不同的教学内容，有不同的形式变化，以切合学生实际学习需要，真正起到指导与辅助作用。

学　校	高一统考平均分	高二统考平均分（理）	高二统考平均分（文）	高二统考总平均分	两次统考均分进步值
**	99.12	106.07	101.82	103.95	4.83
**	83.51	95.19	100.79	97.99	14.48
**	59.40	67.89	69.99	68.94	9.54
**	—	53.98	52.26	53.12	—
**	89.17	94.47	91.86	93.17	4.00
**	55.07	58.69	59.85	59.27	4.20
**	75.99	86.30	78.80	82.55	6.56
**	84.10	95.51	84.39	89.95	5.85
**	67.50	78.65	72.37	75.51	8.01
**	—	65.18	60.53	62.86	—
**	82.97	93.57	86.49	90.03	7.06
**	79.09	88.49	81.02	84.76	5.67
利辛高级中学	60.02	69.72	69.06	69.39	9.37

学纲以比学案"更尊重学生、更相信学生、更解放学生、更有效地指导和辅助学生学习"为指导思想，较充分地体现了"绿色课堂"理念。

（一）它在栏目设置和内容安排上不再像学案那样"捆绑"课堂。让学生根据自己课前自主学习和课堂上实时学习状态以及课后复习需要，自由地使用它。

（二）使用方式不再整齐划一，实现因材施教。每一个学生有其自己的使用特点——课前预习用，课中学习用，课后复习用；用于明确学习目标和重点、用于知识系统化，用于突破重难点、用于巩固学习成果。每人使用程度也不会一样。每一个老师有其自己的使用特点——可以结合课堂教学使用，也可以用于课前、课后的导学、辅导以及精准训练，甚至"不用"。

（三）注重帮助学生进行知识"系统化"。学纲四个栏目一个有机整体的设置，特别是"内容纲要"栏目，能够有效帮助学生对知识进行"系统化"。而"系统化"过程，就是强化知识掌握的过程，就是思维能力特别是逻辑思维能力训练的过程，"系统化"也为学生对所学进一步"优化"提供坚实的基础，从而帮助学生有效构建自己的知识大厦。

（四）突出关键点，注重精准"扶贫"。学纲要求体系性但不是面面俱到，而是直指关键点和学生学习中的薄弱点。特别是"重点难点解析"和"精要练习题"，针对性强，目标明确。

（五）体现学科差别。编写的学纲体现学科特色。文科调动思维的多，扩展的多；理科则是练习多，培养答题能力与技巧的多。

另外，学纲的编写与使用，也促进了教师的专业发展。

刁莉宏：有一次，我班开展"我们的课堂怎么样？"的主题班会，让学生谈谈绿色课堂给自己带来的变化。他们的发言很精彩，有的同学说，提高了大家学习的愉快感，增强了彼此之间的了解，改变了以往老师一个劲地讲、学生消化不了的状态；有的说，可以让老师当学生的学生，让学生当学生的老师，让学生当自己的老师；有的说，拓宽了我们的知识面，让我们主动发现问题，培养了自主学习的能力；还有的学生说，这样的课堂让我们更自信，更敢于表达……目前来看，绿色课堂培养出来的学生更活泼，思维更活跃，联想更丰富，对环境的适应能力更强。

我们班的马季同学，在课堂上俨然就是个老师，他展示的时候还提问其他同学，喜欢用幽默的语言，很受大家欢迎。我曾经和他开玩笑说，以后你就上师范院校吧，不需要实习了，直接上岗。

一个晚自习，我走进高一（4）班教室。"同学们，我们今晚的任务是解决第四单元的试卷。"话刚落音，小组内就开始讨论。20分钟后，就是同学们精彩的表现了。我把25个选择题分成5组，每位同学可以讲一组。竞争的场面开始了，第一个讲题的是张明敏同学，他拿起试卷先是读了一遍题目，然后看他不慌不忙地指导同学们读图，分析图，从图中找出有效信息，最后是四个答案逐个地分析，得出正确答案。他的讲解赢得了同学们的阵阵掌声。接下来的几位同学也是高标准完成了任务。我原本担心解决不了的问题他们都顺利解决，担心讲不清的问题他们查的资料比我准备的还全面。这些学生已经学会了学习，已经具备了很强的学习能力，还害怕他们学不好吗？

说到这儿，我想起了上一届的学生参加"高校专项计划"面试的事儿，靳晓慧、高成参加人大的面试，他们回来后都自信地说能通过。我还打击他们呢：怎么那么自信啊？结果是他们两个都顺利通过。后来面试结果陆陆续续出来了：张晓梅、夏帅帅、李超都通过了报考学校的面试，其中李超参加中南财经政法大学面试，从3000多人中脱颖而出，获得第三名成绩。高考后，我们在一起聊天的时候，学生记忆最深刻的还是课堂上最得意的一次展示或最差的一次展示。

我的学生走进大学后，还说高中生活对他们的影响很大。张群在信里写道："大学这两年，我一直坚持的便是做兼职，高中三年对我产生了很大的影响。我很喜欢表现自己，个性也很张扬，喜欢交朋友，喜欢和老师同学交流，我很感谢学校的培养，所以我现在还好，自己的生活费有了着落，还认识了一些朋友。"管明珍在信里这么写道："我觉得，我是一个幸运的人，在我人生重要转折点——

高中的时候，遇到了足以改变我人生轨迹的学校和良师，使我变得自信和坚强。最神奇的是我从中考数学65分到高考数学123分的变化，是您鼓励我积极参与到讨论和展示中，就是在一次次的展示中我学会了准备，学会了分享，同时也收获了满满的信心。"

车君成：同学们的作文，也表达了上课的感受。

高二13班储萍作文中写道——

与以前的课堂相比，我更喜欢现在的课堂。过去，死板、低沉是课堂的特点，老师讲一句，我们听一句，如同木偶人一般，线动一根，木偶也随之动一下。现在，我们充满朝气的青春在课堂里展现，我们再也不愿像《装在套子里的人》中的别里科夫一样了。

高一（3）班陈丽楠的作文《我们的课堂》这样描述——

老师踏着铃声迈进了教室，在黑板上写下了今天要完成的学习任务。留下一句"讨论20分钟"，便把课堂交给了我们。同学们拿着早已完成的学案很快就进入了角色，各抒己见，气氛热烈。没有了老师的讲解，每一题都要靠自己慢慢摸索，合作完成，真是一种新鲜又刺激的感觉！20分钟过后，便有同学自信地在黑板上写下了分组讨论的部分答案。待所有的习题答案被展示到黑板上后，这些"小老师"便开始了讲解。有的"小老师"刚上台的时候声音还是抖的，不过讲解的题目还算仔细，甚至还给我们补充了一些他自己积累的知识点。一题讲完，看到同学们眼神中流露出的敬佩之情，"小老师"也露出了轻松而又自信的笑。下讲台回到座位上时，迎接他的又是一阵热烈的掌声。我们在适应这种学习形式的同时，也在慢慢地完善自己。在老师的不断引导下，我们变得更加自信。自主讨论，我们有据理力争的姿态；上台展示，我们有不让须眉的风采；同学们的疑问，让我们有了进步的空间；老师的补充，让我们的思维更加缜密。我喜欢这样的课堂。

宋大光：教师在绿色课堂实践中的成长也是明显的。在 2014——2015学年度"一师一优课、一课一名师"活动中，刘东河、戴莉娟、刘洪涛、周攀登、蒋成超、刁莉宏、赵红丹等7位教师获部级"优课"奖，我们是全市高中学校获奖最多的学校（全市共有25名、全县共有8名高中教师获此奖项）。

绿色课堂实践也促进了教师去思考教学，写反思，写叙事，写论文，我校教师论文参加2013年、2014年和2015年亳州市教研成果评选活动，分别有53篇、68篇和121篇获奖，分别占利辛县高中学校获奖总数的94％、89％和81％。

每学期我校都有教师在市级教研活动中上示范课，或者在市、县教学大赛中有出色的表现。

2012年12月19—12月21日，市教育局视导团对我校"绿色课堂"建设进行了专题视导，反馈结论是"绿色课堂，成效显著"。视导团指出，绿色课堂把以教为主变为以学为主，使学生成为课堂的主人，把以教定学改为以学定教，在教师的指导下，自主学习，小组合作，展示交流，探究升华，让课堂活起来，效果很好。

2013年5月，市教育局教科所所长刘光杰一行到我校调研"绿色课堂"，认为课堂局面生动活泼，学生学习积极性调动得好，学习主人地位得到落实，有利于学生提高成绩，提高综合素质。学校在课程改革和绿色课堂建设进程中，被省教育厅表彰为全省基础教育课程改革先进单位。

拓展篇

解士敏：学校把"绿色"的教育理念由课内运用到课外，由校内拓展到校外，着力营造绿色教育环境，建设绿色教育文化。

根据普通高中新课程的培养目标调整课程结构，进行课程设置，注重综合实践活动课程，促进学生全面发展。加大校本选修课工作力度，开设了五禽戏、舞美、艺术体操、朗诵艺术、汽车模拟驾驶技术、利辛地理、古诗词欣赏、英文文学欣赏、心理素质拓展、趣味经济学、摄影技术与运用、文化掠影等课程，出版编印了《高中国学读本》、《利辛地理》、《利辛人说普通话》、《中学生演讲入门》、《五禽戏》、《儿时的游戏》、《乒乓球学习指南》、《汽车模拟驾驶技术》等30余种校本教材，还编印了一本由在校学生编写的研究性学习专著《CPU发展简史》，为学生自主地、有个性地发展提供更多的选择。

积极开展"大艺术"教育，以满足学生多样化发展需求。开设了美术、书法、音乐、表演、摄影、空乘、高考体育、体育表演、播音主持、服装表演等专业。近几年来高考，每年都有近200人被各本科院校有关专业录取，大艺术教育在全市处于领先位置。

重视社团活动。我校对学生有"五个百分之百"的要求，即百分之百的学生说普通话，百分之百的学生参加社团活动，百分之百的学生参加志愿者活动，百分之百的学生选修校本课程，百分之百的学生能够通过计算机网络等多样化学习手段自主获取知识。实行社团课程化，现有学生社团40多个，包括文化、艺术、体育、科技、信息技术、社会实践六大类。形成了一批有社会影响力的精品社团，如足球队、乒乓球队、心语社、书法室、美术班、朗诵班、舞美班、爱心社、科技创新社、朝花文学社、现代诗社、夕颜社、吟诵社、辩论者协会、环保协会、志愿者协会、《安徽青年报》记者站、校园广播站等。社团活动的开展为学生发现自我、展示才华、张扬个性、培养能力，提高素质提供了舞台。志愿者协会学生关林荣获安徽省第七届见义勇为奖，被评为"中国好人"；朗诵班学生田静代表安徽省获全国中学生演讲比赛一等奖，谷红红获得"中华魂"主题教育活动国家级一等奖；科技创新社宋梦阳同学获得十多项科技创新发明专利，谢金亮等同学发明的新型多功能高效树漆刷荣获全国科技创新大赛二等奖。

学校从细节入手，把教育学生"学会做人"作为学校德育工作的出发点和落脚点，重视养成教育。长期开展"明礼仪，洁品行，好习惯，好人生"活动，以"做好人、读好书、说好话、写好字、跑好步"为内容的"五好"教育活动，以"自主、自立、自信、自强"为内容的"四自"教育活动；从弯腰拾起一个纸片、见面会说"您好"入手，开展"文明伴我行"等系列活动。

学生参与食堂、宿舍等大部分学校管理，参与评价教师教学，组织或参与策划各种文体活动、教学实践活动。

学校每年举办读书节、英语节、艺术节、体育节等大型活动，科技节、电影节、桃花节、春秋季跳蚤市场等专项活动；各班每天10分钟"经典诵读"课、10分钟"新闻播报"课、两分钟演讲课成为固定内容。

坚持开放的办学理念。泌水书院、阅览大厅、学术报告厅、《四库全书》馆、校园书吧、桂花书屋、心理教育中心、艺术中心、邓琳琳体育馆、实验室等各种设施资源与社会共享。开办第二课堂、泌水悦读、利中讲坛、国学讲堂等，并把这些讲座、宣传和咨询活动、扩展到社区、公园、大型商场等社会场所，与敬老院、老年大学、特教学校、爱国主义教育基地等建立长期关系和常态工作机制。对社区精神文明建设起到良好的辐射作用，受到社会广泛好评。

实施"文化强校"战略。初步形成了独具特色的管理文化、制度文化、教师文化、学生文化和课程文化，为学生营造更为广阔的绿色教育文化大课堂。学校制定了"志于道，据于德，依于行"的校训，"和而不同"的校风，"学而不厌，诲人不倦"的教风，"独立之思考，自由之心灵"的学风，铸就师生的精神家园。学校办有一报两刊——《利辛高级中学报》、《利中教研》、《朝花》，学生社团和各部门编发有大量简报，为师生发表文章提供了平台。学校环境优美，书香浓郁，管理规范，特色鲜明。建有一河（状元河），二亭（状元亭和书香亭），三园（深秀园、九思园和果园），四广场（状元广场、灵芝广场、银杏广场和孔子广场），校园绿化率50%以上，本土树木100多种，发挥着独特的育人功能。学校每一座建筑、每一条道路、每一个细节，无不以独特物语传达出学校独有的文化信息与人文关怀。学校每年接待各类考察团、参观团都有几十次之多，受到省市领导和社会各界的好评。

　　巩敬耕校长在给2013届毕业生的"寄语"说："学校不是监狱，也不是军营，而应当是陶行知所说的森林式的广宇。所以在过去的三年里，我们总是努力把学校改造成为获得知识、友谊和想象力的地方。我们反对千篇一律，提倡生动活泼，强调并保护差别，希望在高级中学这样的文化教育环境中能够自由地发展你们的人格、思考和爱好，发展社会期待于你们的伦理的、才能的和情感的品质，这方面的价值高于分数。"——这是对"绿色教育"的阐释，也是我校建设"绿色教育文化"要实现的理想。

（解士敏　整理）

附　录

借一盏灯

晴子

　　第一次见他，是上高一的时候，帮心语社发简报。当时他正在校长室和一个老师严肃地谈话，看有学生拜访，马上和颜悦色起来，我递过简报简单几句话就赶紧离开了。

　　下楼时同学说校长很是和蔼，我点点头。心语简报里黄老师发了一篇我的演讲稿，我引用了拿破仑、奥巴马等名人的名言。那时我不知道高中文科还要学数学，那时我不知道转班后成绩仍一团糟，那时我以为付出就有收获，那时真的是雄心壮志。

　　直到爸爸又出了事，在医院里抢救的时候。梦想的世界一下子就碎了，我像个初生的婴儿，赤裸裸地曝在阳光下不知所措。

　　我不是没有想过去打工，我只是害怕，害怕慢慢地被世俗化。那些外出的人回来，别人只会问他们挣了多少钱，从来没有问他们看了多少书，妈妈说我是个心高气傲的人。对，我就是，我受不了一天到晚的重复，我受不了居家生活的琐碎，我受不了随波逐流的平庸，所以我活得很累，所以我还在挣扎。

　　再找到校长，是要求退学，我拿了本自己的诗集，是我一笔一笔写的。因为我想即使工作那也得和文字有关，我没有什么特别想要的，但文字是我喜欢的。校长说我年龄太小，干不了什么，他说人要不断成长，能量积攒够了才可以飞翔。我紧咬着嘴唇，扣着发白的手指，我还是想退学。我没了初来时的热情，没了初来时的信心，没了初来时的坚定，挫败的心看不到未来。校长看了看我继续说，只有坚持下去，你才能实现梦想，要不那永远只能是幻想，人不能太固执，没有谁一直对，得听听别人的意见。

那天晚上爸爸打电话说他不能给我什么，他也什么都没有。我的未来和幸福只能靠自己去拼，自己去闯。他不想让我因为他放弃学业，尽管我是自愿的。那天我没有哭，只是一个人蜷在被子里，觉得很孤独。

巩校长从我的诗集里选了一首《六月》送给去年的毕业生，我一下子成了别人口中谈论的对象，散发的光圈使我格外幸福。其实从小到大几乎每个语文老师都对我很好，这也坚定着我对文字的热爱。初中的时候，我也在校刊发表过文章，那时失落消沉，后来爬起狂奔，人生不就是这样起起落落，苦乐相交的吗？

星竹说："我从来都不怀疑自己的能力，但我却是一个内心充满忧郁，很容易失掉信心，往黑暗里走的人。我常觉得这个世界阴郁而寒冷。我需要光明，温暖，快乐和笑声。我需要借助一盏灯，来不停地照亮自己。"我承认我很笨，我算不对一道数学题，我提不动一桶水，我打不开一把锁，我人情不懂、世故不通，但我很幸运，很幸运遇见他。我见过清瘦的他疼惜地望着树，我见过他弯腰捡垃圾，我见过他和建筑工人细语交谈，我见过他笑起来和孩子一样纯真。在他办公室我看到线装本的《李太白诗集》，金黄柔软的宣纸，丝绸一样摸在手里，那种幸福难以言喻。我也见过很多有权有势的人，他们说话做事盛气凌人。但也有一种人，贵而不娇，实而不华，是校长让我明白人与人灵魂的平等。

借我一盏灯，在这漫无天际的黑暗照亮我前行的路。我不再忧伤，不再迷茫，顺着灯光，飞去彼岸。

（原载《朝花》2016年第17期）

回忆如蜜　甜到忧伤

徐振飞

8月31号是个多么特殊的日子。我提了档案，拿了录取通知书，彻彻底底地告别了高中。当我把这三年的努力装进档案袋，并邮寄出去的时候，没有当初我踏进学校，渴望快速毕业的喜悦，而是似乎有了点淡淡的忧伤。我也不知道这是为什么，有可能是对这里三年青春的留恋，有可能是对这里还埋下了我当初小小的梦想不舍，也有可能是喜欢这里舒适、有趣的拼搏日子。

我也不记得，这是我第几次回忆学校了。都说，往事如风，但是感性大于理性的我，还是经不起回忆的诱惑，一次次沉醉其中。我想是因为过去真的很美好吧！

我喜欢学校，喜欢那里的一草一木，一缕阳光，一池清水。我喜欢独自坐在窗前，让阳光照在我的脸上。我打开窗户，让微风拂过脸庞。微风带来了桃园淡淡的花香，清淡而不失雅致，顿时有了那种流连忘返的感觉。

我喜欢晚上的校园和回家的路。我可以骑着单车，张开双臂，拥抱夜晚。我可以尽情歌唱我喜欢的歌。更喜欢与朋友结伴同行，聊着班级的那些趣事，聊着那个一不小心就会实现的小小梦想。

我喜欢学校的操场。

在那里，我可以尽情地奔跑，一圈，两圈，三圈……汗水浸湿了衣服，我都不会觉得累。在操场，我听到了王国权激励人心的演讲。还记得在那之后的几天，同学们像打了鸡血一样对学习充满着激情，只是后来慢慢地懈怠了。还记得，在那里我们顶着炎炎夏日参加军训，每个人累得疲惫不堪，都黑了不少。还记得那年就是高一，那年我的梦想是二本。还记得李阳弟子，发给我们每个人一张纸，教我们读英文（其实是推销他的书，可是我们班并没有一个人买）。

说到学校，我最喜欢的还是深秀园，但是我从来不叫它深秀园，我直接叫做后花园。我喜欢一个人游园，不为独自贪享园中的乐趣种种，只为图得一丝的宁静与踏实。我记得在去年的初冬，校园里飘浮着大雪，那一夜下了一宿的雪。次日清晨，我迫不及待地起了个早，独自漫步在校园中。鞋子踩在雪上，发出嘎吱嘎吱的声音，那么悦耳。我行走在泮水书院前的状元桥上，情不自禁地抓了把雪，团成一个雪球，在手里把玩。书院前的几棵松树，也被雪压得下垂，一阵风吹过，树上的雪纷纷扬扬，一片安静。园中除我一人，再无他人。我到了学校的塔下，我凝望着，思考着一个一直在我心中的疑问，学校建这个塔是做什么用的？仅仅是个装饰吗？直到有一天老师告诉我：答案就在《状元阁记》中。

我到了河边，河里冒着白烟，有着古诗词中"气蒸云梦泽，波撼岳阳城"的壮观。河边有个石头砌成的桌椅，只不过现在都被雪覆盖了，我用指头在桌子上面写了两个字"加油"，并在椅子上按了个手印，算是我对学校也是在学校最后一个冬天的纪念。

昨天我拿到了毕业证和毕业照，又把看了多次的巩敬耕校长对我们2015届高三毕业生的寄语仔仔细细地看个遍。关于校长，虽然从未交谈过，但是我认为他是一位非常棒的校长。因为他，我们没有像其他的高中学校一样，残暴地撕书发泄告别学校。同学们都响应了校长的号召，把许多用不到的书赠送给了高一、高二年级的同学。在赠书的那天下午，从楼上望去，许多班级的许多同学，抱着许多的书，往银杏广场搬去，顿时形成了一道风景，甚至有的班级比起了谁赠得多。在高考的前夕，我们到高二年级的教室看书，在他们的图书柜里看到了我们赠送的书籍，倍感欣慰。也希望学弟学妹能延续这个好的习惯，在毕业的时候把不用的书赠送给我们的学校。因为一个好的习惯，是我们一生的财富。

（原载2015年9月16日《利辛高级中学报》）

后　记

　　本书收录了我从1990年以来发表的部分文章，内容主要与书有关。发在校报校刊上的文章，也与教育有关，如《孔子传略》，是我在主编校本教材《国学基本读本》时，写给学生参考的。

　　我在四十岁以前，喜欢文学，买了很多书，写了很多诗和别的东西；四十岁以后，特别是担任校长以后，埋头事务，加上建校，基本上只写应用性的文字，没有专门写过文章。

　　这些文字，本无甚价值，虽然只是记录了个人的一段时光，但同时也见证了一所学校凤凰涅槃般发展的历史。把它们整理出来，列入"利辛高级中学丛书"，并以此纪念利辛高级中学成立，是我的幸运。

　　书名"学而"，取自《论语》第一篇，其意在勉励自己不断学习，努力实践，以不辜负领导和朋友们对我的培养和帮助。

巩敬耕

2010年9月22日

　　此次整理，去掉了一部分读书类文章，增加了2011年以来新写的文章，其中有两篇是我和教师的对话及讨论，两篇是学生写我和学校的文章（附录）。内容仍然分为三辑，大部分是我的工作和学习记录，也仍然可以看做是我所在的学校刚刚走过的一段路。

　　由于书中所收文章的写作时间前后相隔较长，且许多文章在当时也没有标注写作时间，出现个别文章中使用"今年"、"去年"等表述，还有的表述已不符合现今的状况，等等，特予说明。

好友李哲为本书题写书名，安徽师范大学出版社黄成林先生和李克非编辑为本书以及我校编写的其他几本教材的出版，提供了热情的服务，我的同事和学生们作为这些文章的第一读者，给予我很多鼓励，在此一并致谢！

2016年5月27日　又记